Maravillosamente VIRTUOSA

Mujer Maravilla o Mujer Virtuosa... ¿cuál eliges ser?

María Jesús Arce Reyes

Diagramación del libro y diseño de la portada
por Alexander Mendoza (+58 426 7517854)
mendoza.alexander@gmail.com

Impreso en Venezuela

Patrocinado por: Amelia Reyes Cosmetóloga. **Productores Ejecutivos:** Christian y Carolina Brenot y Giovanni Louchart. **Vestuario y accesorios:** Carolina Brenot. **Asesorías de Mercadeo:** Daniel García y Arturo Arce. Alfredo Rosas "Espejos Alta Peluquería". Amanda Oviedo Photography. **Colaboraciones:** Laura Teme, Rita Betancourt de Chávez, Gisela Carmona, Desireé Chaviel y Yubirlein Suárez e Industrias Gráficas Monserrat.

ÍNDICE

SINOPSIS

La mujer latina lleva una mochila de sueños, energía, inteligencia, creatividad y poder indiscutible. Entre quehaceres del hogar, el trabajo, la familia, las amigas, su cuidado personal, sus estudios e infinidad de ocupaciones más, se diluyen sus días.

¿Eres una de esas mujeres maravillas que desafía pronósticos de todo y conquista arrasando por donde quiera que pasa? Un cúmulo de virtudes abriga en su corazón y su ser, pero… ¿cómo te sientes? ¿Dónde quedan tus anhelos, sueños, descanso y lo que queda de ti?

¡Parece imposible no ser el hombre de la casa, versátil y multifacética! Y te cuento… puedes seguir haciendo eso y más, pero ¿qué tal si descubres para lo que fuiste diseñada?

El Reto Maravillosamente Virtuosa te llevará por un paseo irresistible que va desde tu espíritu, tu mente, tu cuerpo, hasta irradiar quien eres, tan única, especial y extraordinaria. Así nadie lo crea, ¡lo eres! Descubre la mejor versión de ti logrando cada día avanzar hacia el bienestar, el equilibrio, la felicidad y la excelencia, siendo tan maravillosa como virtuosa.

Un reto sólo para mujeres valientes, que creen que vinieron a este mundo para ser más que una simple mujer, madre, esposa, hermana, hija, tía, trabajadora, luchadora, emprendedora… hasta morir. Con o sin gloria, nada vale más que vivir tus días a plenitud, honrando al Creador de una preciosura como tú: Dios.

Check list de Mujer Virtuosa

Te presento una lista de virtudes y cualidades, que en algunas eres la mejor, otras la peor en eso, pero tranquila. Lo bueno es que si decides y quieres, puedes alcanzar esto y más.

Tenlo presente a medida que leas y aceptes el reto, resalta tus virtudes que te recuerden lo fabulosa que eres y en amarillo o con una marca, en las que anhelas enfocarte y mejorar.

Al final encontrarás un glosario de desafíos en una palabra que te darán referencia de lo que cada una de estas palabras significa. Puedes darle una miradita, si es que ya no te precipitaste a marcar en lo que eres buena y darte cuenta de lo que te falta esforzarte más. ¿Qué tal si te das un puntaje del 1 al 10, en donde 1 es que tienes que aplicarte para comenzar a cultivar esa cualidad y 10 si te consideras la mejor y debes cuidar, mantener y reforzar esa virtud.

De estas cualidades, ¿con cuáles –con sinceridad– te identificas?

- ☐ Temerosa de Dios
- ☐ Digna
- ☐ Bella
- ☐ Ejemplar
- ☐ Valiosa
- ☐ Confiable
- ☐ Planificadora
- ☐ Administradora
- ☐ Trabajadora
- ☐ Fuente de bien
- ☐ Madrugadora
- ☐ Alegre
- ☐ Emprendedora
- ☐ Entusiasta
- ☐ Honra a Dios / padres / esposo

- ☐ Atiende a su familia y su hogar
- ☐ Decidida
- ☐ Próspera
- ☐ Vela por sí misma y los suyos
- ☐ Piadosa
- ☐ Compasiva
- ☐ Diligente
- ☐ Responsable
- ☐ Cuidadosa
- ☐ Respetuosa
- ☐ Sabia
- ☐ Instruye con amor
- ☐ Segura
- ☐ Felicitada, alabada y amada por sus hijos, esposo y la gente

AGRADECIMIENTO

~⋆~

A Dios por crearme, inspirar mi vida, cuidarme con una paciencia bárbara, y revelar a mi corazón cómo sentirme libre, amada, feliz, apasionada y en el lugar más especial del Universo: Su voluntad. Y de Él pues viene todo lo demás: mi amada familia y tantas vidas que han dado chispas de color y entusiasmo a mis días.

No me alcanzará la vida para agradecer a Dios por bendecirme con mi dulce mami Amelia, su amor ilimitado y sus oraciones; por mi papi que descansa al abrigo de Dios, quien me mostró que se siente ser una princesa amada y con quién conocí a Jesucristo; por mis habilosos y bondadosos hermanos, Arturo y Carolina quienes me alientan y apoyan con alegría y cruda verdad, además me han dado lo más lindo del universo: mis sobrinos. También agradezco su amor y presencia aun en la distancia a mis amados tíos, primos, cuñados y suegros. Y por supuesto, a mi príncipe morado, hoy mi esposo y mi músico favorito por siempre, Daniel García.

Gracias: Pastores, líderes y familia de la fe, amigas preciosas, amigos, aliados, lo mejor de la gente de mi planeta que me han acompañado. Personas que han creído en mí y me han animado en mi faceta de autora, gracias a la oportunidad y visión de mi estimada Xiomara Venegas de Giménez.

También caben aquí, quienes con desaires me desafiaron a convertir lo peor de mí en adrenalina pura y creativa.

Agradecida a Dios bendigo a todos los maestros, adoradores, profesionales, inventores, creadores y autores que me han influenciado, y que desde su pluma y hasta su tablet, han llegado a mi vida transformando fascinantemente mis encuentros con ellos, a través de la lectura, la música, las artes y el internet.

Cada quien sabe cuánto le amo y la parte que tiene en este libro.

Así que búscate, ríe y disfrútalo.

¡GRACIAS MIL!

PRÓLOGOS

¡Qué lindo es ser mujer! Como mujeres somos motores y tenemos la gran posibilidad de influenciar sobre la familia (si la tienes) y, sobre nosotras mismas.

He visto que muchas mujeres no han encontrado en su vida el punto de equilibrio para ser una posibilidad para otros y para sí misma. Ya que a veces como mujeres, damos mucho por otros y nos olvidamos de nosotras, o en el mejor de los casos nos postergamos. O bien buscamos la realización y entonces resignamos el amor, o la familia o la felicidad a largo plazo.

¡La vida es un espacio de elección! Vivimos en una época maravillosa en la que gozamos de libertad para ser y creer, como nunca antes en la historia de la humanidad. Así mismo, son tiempos de gran demanda social, especialmente para la mujer, quien constantemente debe repartir los esfuerzos y energía entre el trabajo fuera de la casa, las tareas y actividades de la casa, así como la atención de la familia, su propia atención y cuidado personal.

Encontrarás en este libro claves para tu desarrollo integral, y mientras disfrutas de relatos llenos de dinamismo, tendrás acceso a esta guía práctica para la vida de la mujer. Mes tras mes, y sin excusas, tendrás consejos sencillos pero efectivos, que de manera organizada te ayudarán a desarrollar hábitos que bendecirán tu vida.

María Jesús con un estilo alegre nos reta a vivir en plenitud, mientras te propone de manera reflexiva, la elección entre ser mujer maravilla o mujer virtuosa. La misma Biblia expone el valor de esta mujer describiendo que su estima sobrepasa a la de las piedras preciosas.

No puedes elegir cada cosa que vives o que te sucederá. Pero puedes elegir qué harás con ello y la manera en que te relacionarás con lo que te toque vivir.

¡Disfruta y pon en práctica las siguientes páginas. Comienza hoy! No te demores en vivir la vida que deseas vivir. Claro que no puedes cambiar tu destino en un instante, pero puedes en este instante dar el paso que cambie la dirección de tu camino que te llevará a un destino diferente.

Vive tu vida de la mano del Dios todopoderoso eligiendo ser la mujer que Dios diseñó en ti.

Lic. Laura Teme
Master Coach y autora del libro "Mujer Protagonista".
Miami, Estados Unidos. Septiembre de 2015.

****

"Solo quien conoce su meta, encuentra su camino". (Lao-Tse)

Cuando los esposos Arce-Reyes, Chilenos, llegaron a este país, fue para conformar una pujante y respetable comunidad que hoy mantiene sus señales de progreso, en las actividades que se han propuesto como luchadores.

Quizás con el pensamiento puesto en la tierra que los vio partir, que los vio despedirse de su paisaje, que los oyó decir un "hasta

Maravillosamente Virtuosa

luego" a su familia, a sus amigos, dejando en esa tierra el recuerdo del escenario de travesías juveniles, quizás como madre que siempre espera el retorno de sus hijos abrigaron la esperanza de un destino mejor, tal vez con ese ímpetu, lucharon para adoptar su segunda patria, y formar a sus hijos en este país de oportunidades, para trabajar con afán y con honestidad.

Lograron su objetivo: hoy muy orgullosos de ser Chilenos-Venezolanos, brindaron su ansiedad de forjar sus sueños, porque sus hijos han superado expectativas

Aquella niña que trajeron de casi dos años, MARÍA JESÚS, hoy es una persona muy especial, siempre desafiando retos, siempre buscando lo mejor, nada ni nadie la detiene en su corretear en el camino del futuro, una joven moderna, que cree que los sueños son para vivirlos y con su espíritu imparable y su gran voluntad, ha dejado sus señales en la universidad, donde forjó sus conocimientos laborales, en su trabajo con tesón y sin miedo, en su Iglesia, donde cultiva sus esperanzas y en casi toda actividad que se ha propuesto llevar a cabo.

MARÍA JESÚS ARCE REYES DE GARCÍA, entre sus múltiples actividades, es Comunicadora Social, maneja un programa exitoso en la Emisora Fama 98.1 FM, es Locutora, Relacionista Pública de músicos, marcas y Jóvenes Emprendedoras, amén de que es factor entusiasta decisivo en la formación de Fundaciones/ONGs.

Aparte de ello, su actividad profesional como redactora y bilingüe la ha combinado con trabajos realizados en su ejercicio como Periodista en reconocidas empresas, gremios, editoriales y agencias de nuestra ciudad. Además, es Bailaora de Flamenco. Exhibe una información académica por demás interesante y abundancia en premios, participaciones y labores sociales, entre las cuales se destaca el reconocimiento del Día del Trabajador de la Radio, otorgado por el Concejo Municipal de Iribarren, de la Cruz Roja Venezolana, Seccional Lara, entre otros.

Hoy, cuando los grandes paradigmas que rigen la vida del ser humano de este siglo XXI que se han modificado sustancialmente, pasa esta inteligente mujer a escribe su primer libro titulado "Maravillosamente Virtuosa", donde se observa, a través de su escritura, las poderosas fuerzas del éxito dadas por Dios, que residen en cada uno de nosotros.

Recomendamos su lectura porque representa un elemento esencial, que da lugar a forjar el pensamiento en un amplio campo de libertades, que confirman un clima necesario sin restricción alguna.

El éxito personal de MARÍA JESÚS ARCE REYES DE GARCÍA, es haber fabricado un propósito en la vida y la importancia de ese propósito consiste en trabajar sobre un objetivo en forma continua. Es voluntad constante... es saber ganar y perder. No envanecernos con los triunfos. No derrotarnos ante el fracaso. Nos deja un legado "El camino se debe recorrer para vivir con calidad, tiene comienzo pero no tiene fin. Solo la decisión real consistente de vivir los mandamientos de la Ley de Dios".

Rita Betancourt de Chávez
Barquisimeto, Venezuela. Septiembre de 2015

INTRODUCCIÓN
¡Por fin escribí este libro!

A mis 34 años que no oculto y digo con mucho orgullo y agradecimiento a Dios -¿tú sabes lo que es llegar a esta edad así?- con la mitad de mi vida dedicada al trabajo y las labores sociales, y a todo lo que amo, incluso desventuras, desgracias, sacrificios y retos desafiantes que revelaron lo peor y lo mejor de mí, me han permitido disfrutar y descubrir la mejor versión de mi Yo. ¡Y… es que me amo!

Pensarás… ¡qué humildad! Pero ¿sabes qué? Cualquiera que tenga la dicha de racionalizar e identificar que es única, extraordinaria, especial, preciosa por lo que abriga en su corazón y porque es una obra de arte de Dios, puede decir eso. También, si te esfuerzas por ser mejor cada día y aprecias cada milla extra por ti y tu mundo, lo verás.

¡Y yo me lo creo! También porque mis padres, mi familia, amigos y mi esposo, me lo dicen. Pero podrá decirlo todo mundo o nadie. Lo supe, lo descubrí, lo vivo, lo creo y por ello mis días tienen un propósito, basándome mejor en lo que Dios dice de mí.

Inmersa en el mundo del servicio sacrificial por el prójimo y como inmigrante con mi familia, con la rebeldía como bandera, pero enfocada siempre en la excelencia, llegue a los medios de comunicación. Sin ánimos de ser famosa sino de hacer lo que me gusta, tuve la oportunidad de estar entre lo mejor de organizaciones públicas, privadas y benéficas de mi ciudad, codeándome y aprendiendo de los mejores hombres y mujeres exitosos todos, en sus categorías de desempeño, empezando por mis padres y hermanos.

Y un día participé en un seminario para mujeres dirigido por una hermosa, divertida y genial mujer: Laura Teme. Y recuerdo que decía que no está mal querer ser famosa… y hace poco me animé y me dije como ella "¡Sí quiero ser famosa! ¿Y qué?"

Me causa mucha gracia, porque quienes me conocen, saben que es lo que menos busco, pero si se trata de compartir secretos de éxito y las claves para una vida mejor, sí me atreveré a ir más allá y compartirlo contigo. Y, si logro alcanzar la fama, será para llegar a más y más personas con lo que a mí me ha funcionado y dar gloria a quien me ha movido y ayudado: mi buen Dios.

Eso sí, esto es algo solo para VALIENTES. No se trata de varitas mágicas, de suerte, de contactos o "palancas" como decimos en Venezuela, tampoco de negociar valores o integridad para lograr algo. Se trata de estrategias y aprendizaje de vida puestos en práctica. Se trata de que sin ganas de sermonear o ser religiosa, me bastó solo una decisión, acertada y de bendición para cambiar mi vida.

Te invito a leer las próxima líneas que disfruté tanto pensar, revolotear en mi mente y corazón, además de compartirla con quienes me rodean. Todo tras un sueño que Dios hizo titilar en mi ser incandescentemente y una llamada de la Editorial Papyros, que me sorprendió, me hizo sentir agradecida, honrada y bendecida con lo que ellos vieron en mí: como autora de un libro. Y aquí estoy asumiendo un reto pensado, para cuando estuviera viejita escribiendo mi bío, pero que como toda oportunidad que ha pasado por mis manos ¡la tomé! ¿Qué era lo peor que podía pasar?

Estoy segura también lo disfrutarás. Porque se trata de lo que harás con tu vida a partir de ahora. No es mi biografía. Es un manual que te volteará la vida como una media y si te dispones con compromiso y alegría a hacerlo, verás la mejor versión de ti en un año, día a día, 24/24, 7/7. Lo he estado practicando por más de 3 años y me funcionó y eso que no tenía este libro ni ideas tan claras como con este manual.

Amo la alegría, divertir a la gente, el buen humor, la espontaneidad y la creatividad. Y quienes me conocen, saben además cuan exigente, disciplinada, apasionada e intensa puedo ser hasta ser "malas pulgas", cuando se trata de hacer las cosas bien. Así que gracias a todos por su amor, comprensión, apoyo y paciencia.

Sin duda, esto que tienes en tus manos es todo eso. ¿Eres hombre? Descúbrenos y compréndenos, disfruta este paseo y sorprende a las mujeres de tu vida con esto como regalo. Procura trabajar por ser ese hombre "virtuoso" que puedes ser para liderar a la mujer virtuosa que anhelas para pasar el resto de tus días.

Mujer curiosita, te inquietará saber qué más viene. ¡Ponte cómoda, busca un tecito, un chocolate, enciende velitas aromáticas, ponte tu pijama favorita, tu música que alegra el corazón y desenchúfate porque este #RetoMaravilosamenteVirtuosa comienza ya!

Si no te anima hacerlo y piensas mil cosas, a la expectativa, regálale este libro a alguna amiga, pero no lo dejes empolvándose porque me da alergia. ¡Hay que compartir! como le decimos a los niños y de grande se nos olvida. Es lo que me motiva a ayudarte a que tus días sean fabulosos.

LUPA LUPITA CONTIGO

Subraya la palabra que te identifique ¿Eres:

proactiva, bonita, no tan bonita, trabajólica, histérica, afanada, preparada, entusiasta, optimista, posees diplomas y reconocimientos, te aman, te odian, compiten contigo, bondadosa, eres de ejemplo, envidiada, esforzada, multifacética, tienes más de dos trabajos, complaciente, prepotente, actitud avasallante, brillas por ti misma, brillas opacando a otros, rebelde, peleona,

resolvedora, desafiante, activa modo hombre de la casa, independiente, au-
tosuficiente, con hambre de amor, mamá soltera, dulce ama de casa, apasio-
nada esposa, versátil, amigable, viuda con esperanzas de una nueva ilusión
de amor, inconforme, sin tiempo para ti y más nada?

¡Esto es para ti! MUJER MARAVILLA DEL SIGLO 21.

Alguna vez te lo han dicho o con algo como así: "¿Cómo una mujer tan bella, inteligente, trabajadora, solidaria, que está en todo… está sola, soltera?" ¿Te lo preguntaron alguna vez? Yo respondía "¡Gracias, si vale yo me pregunto lo mismo!"

¡¡¡Y es que a la MUJER MARAVILLA no le queda tiempo para tener novio!!! O si está casada y con hijos ¿qué tiempo tengo para mí? ¿O sí? Si se presentaba la oportunidad, yo ni tenía chance de decirle "Pásate el lunes" porque amo los lunes y era mi día más activo, siempre full mi agenda.

Y de paso… eso era muuuuuyyyy de vez en cuando, porque ¿sabes qué? A los hombres no les gusta, les da terrroorrrrr tener a su lado una mujer así. O a veces sí, por un ratico, de amante, amiga con derecho, amiga, amiga, amiga, ah, y que le recuerda a su mamá.

¿SÚPER PODEROSA?

Mira el perfil del ícono popular que nació en 1941 y marcó la historia feminista del mundo, a través de su presencia en películas e historietas de súper héroes. Tiene hasta Facebook ¿qué tal? "Wonder Woman" es su nombre en inglés, y en español, la Princesa Diana de las Amazonas, conocida popularmente como la Mujer Maravilla.

"Tomó su nombre de la diosa de la caza. Fue formada en un principio por su madre en una figura de arcilla. Se le concedió vida por la súplica de su madre Hipólita a la diosa Afrodita. Concebida de este modo por gracia de

una diosa, Diana creció siendo la más bella amazona de la Isla Paraíso, con la sabiduría de Atenea, más fuerte que Hércules y más ágil y veloz que Hermes. Contrariando los deseos de su madre, con un disfraz logró escabullirse y ganar la competencia para elegir la amazona más poderosa, la que debía partir de la Isla para auxiliar a los mortales en su lucha contra el nazismo"

Si logras hacer una lista de sus cualidades, encontrarás que es fuerte, inteligente, puede volar, puede levantar las cosas con una sola mano y sin esfuerzo, de una belleza increíble que no envejece, como luchadora promotora de la paz con su persuasión por las buenas, y por las malas, con o sin armas.

Su look y armadura incluía su tiara que a la vez era un boomerang; su lazo mágico indestructible que hacia revelar verdades y perder la memoria; un brazalete metálico a prueba de todo sumado a su inmortalidad. Con todo eso ¿puedes creer que era vulnerable? Aun con su noble valentía, perdía poderes si quedaba atada con su propio lazo mágico o si su brazalete se unía al de un hombre, era inmovilizada.

¿Suena algo loco ser de verdad la mujer maravilla, cierto? Creyéndome yo eso por muchos años, seguía adelante impetuosa con mis sueños en mi mochila y entaconada, siempre con algo morado en mi atavío, sin dejar que nada ni nadie me dijera qué hacer, autosuficiente, aprovechando insomnios, logré tener hasta 5 trabajos a la vez, dormir 3 horas, estar en todas partes, en todo tiempo y todo lugar. Sólo perdí una cosa: a mí misma detrás de una exitosa vida.

¿TENÍA ESO SENTIDO?

En la búsqueda de ese algo que le diera vida a mis días, aparte del amor en todas sus expresiones, mis seres amados, las oraciones, cuidado y amor de mi mamá; el recuerdo de mi papá quien descansa al abrigo de Dios; el ejemplo inspirador de mis bondadosos y trabajadores hermanos; y mis sobrinos que amo y me hacían perderme en la diversión e indescriptible alegría que generan en lo más profundo del corazón… sí, entre títulos, diplomas, cursos, talleres, conferencias, trabajo y más trabajo… ¡ups!: Dios.

Siempre presente en mi corazón y como mi resplandeciente sombra, ese Dios que a mis 5 años conocí con mi papá, al Jesús que escudriñaba en mi Biblia infantil y conocí en mis años escolares en mi amado colegio "San Vicente de Paúl"; el que me abrazó tras el divorcio de mis padres.

Sí, el mismo que me rescató de la muerte en accidente de tránsito, de enfermedades, caos emocionales, me recordó estaba al alcance en una oración… y me hizo revivir a mis 28 años, viviendo casi 4 años maravillosos con gente de bendición en la que fue mi iglesia: Las Buenas Nuevas del Este.

No necesité una experiencia mala para buscarlo donde lo dejé: al fondo de mi corazón amándole en silencio con mi fe. Sólo la firme convicción y el anhelo, de que mi vida tenía que tener otro rumbo para encontrar mis sueños, sin necesariamente traspasar fronteras en la docena de intentos fallidos de viajes migratorios.

Al cabo de experiencias de vida de todos los colores y tamaños, pude renacer. De la mano de Dios, mi fiel y amorosa mamá, la familia iglesia que me abrigó, a lo largo de esta travesía con maravillosas personas, en el 2010, de manera sorpresiva y fascinante que me encanta contar, conseguí lo que siempre soñaba, quería, deseaba y estaba a una decisión: tener una relación personal con Jesús, relaciones significativas y alistarme para impactar al mundo con lo que amo hacer: servir y ayudar a quienes más lo necesitan.

Y en esos andares por dedicarme a mí, a sentirme feliz, encontrar mi lugar y trabajar por mi sueño de formar una familia, debía comenzar por el ligero detalle de transformar mi estilo de vida. La impensable sumisión, renunciar a la rebeldía, dormir, no trabajar tanto, dejar reposar los proyectos y seguir luchando día a día, porque, epa… el mundo seguía girando y yo no me quería bajar.

Hasta que me topé con libros que cautivaron mi corazón y me dieron luces de lo que yo realmente quería ser y hacer: la mujer virtuosa relatada en la Biblia. ¡Yo quiero eso, y aquella, y lo otro…! Tantos libros, tantos retos, tantas mujeres inspiradoras.

Maravillosamente Virtuosa

El Dilema Apareció...
Mujer Maravilla o Mujer Virtuosa
¿Cuál Eliges Ser?

Ya entre tantos libros, mensajes, eventos y circundante realidad, resulta casi imposible mirarse en esos espejos de lo abrumada y frustrada, de lo demasiado optimista y cuasi perfección a alcanzar.

Así que puedes combinar a la luz de la sabiduría y el plan de Dios… sin dejar de ser maravillosa si estás dispuesta a vivir una vida mejor, conocerte, mejorar tu versión, retarte a nuevas formas de ver la vida y disfrutarla… sigue leyendo. Si no, insisto, ¡Regala este libro a una amiga!

Te bendigo y deseo que tu corazón sea tierra fértil para recibir semillas que alimentarás, cuidarás, podarás mientras veas florecer. ¡Eres una valiente! Guarda en tu corazón la esencia del Reto Maravillosamente Virtuosa, un trocito de la Biblia muy retador: Proverbios 31:10

Subutilizado, rayado, utópico, como quieras verlo, la idea es compartir algo que me animó y ayudó a ser mejor mujer, y te pudiera servir de guía. Recuerda que no somos ni robotina ni la mujer maravilla, sólo espectaculares seres, que nos valoren otros o no, cuando descubrimos que para Dios somos lo máximo, lo demás hasta resbala.

LA ESPOSA DE CARÁCTER NOBLE

10 [b]¿Quién podrá encontrar una esposa virtuosa y capaz?
Es más preciosa que los rubíes.
11 Su marido puede confiar en ella, y ella le enriquecerá en gran manera la vida.
12 Esa mujer le hace bien y no mal, todos los días de su vida.
13 Ella encuentra lana y lino y laboriosamente los hila con sus manos.
14 Es como un barco mercante que trae su alimento de lejos.
15 Se levanta de madrugada y prepara el desayuno para su familia
y planifica las labores de sus criadas.
16 Va a inspeccionar un campo y lo compra; con sus ganancias planta un viñedo.
17 Ella es fuerte y llena de energía y es muy trabajadora.
18 Se asegura de que sus negocios tengan ganancias;
su lámpara está encendida hasta altas horas de la noche.
19 Tiene sus manos ocupadas en el hilado, con sus dedos tuerce el hilo.
20 Tiende la mano al pobre y abre sus brazos al necesitado.
21 Cuando llega el invierno, no teme por su familia, porque todos tienen ropas abrigadas.[c]
22 Ella hace sus propias colchas.
Se viste con túnicas de lino de alta calidad y vestiduras de color púrpura.
23 Su esposo es bien conocido en las puertas de la ciudad,
donde se sienta junto con los otros líderes del pueblo.
24 Confecciona vestimentas de lino con cintos y fajas para vender a los comerciantes.
25 Está vestida de fortaleza y dignidad, y se ríe sin temor al futuro.
26 Cuando habla, sus palabras son sabias, y da órdenes con bondad.
27 Está atenta a todo lo que ocurre en su hogar, y no sufre las consecuencias de la pereza.
28 Sus hijos se levantan y la bendicen. Su marido la alaba:
29 «Hay muchas mujeres virtuosas y capaces en el mundo,
¡pero tú las superas a todas!».
30 El encanto es engañoso, y la belleza no perdura,
pero la mujer que teme al SEÑOR será sumamente alabada.
31 Recompénsenla por todo lo que ha hecho.
Que sus obras declaren en público su alabanza.

Todo tiene un comienzo, aunque no le veas por dónde... ¡dale que tú puedes!

Desde mi adolescencia planifiqué mi vida y bastó llegar a los 30 sin mayor novedad para saber que aunque tengo la voluntad de hacer posible mis metas, quien tiene el poder y la última palabra es Dios, quien diseñó mis días y yo tan solo tengo que descubrirlos y accionarlos.

Entonces, replanifiqué mis días y vida considerando estas categorías que verás sujetas a los planes de Dios que son los mejores, pero fue una fabulosa guía para ordenar mis sueños, anhelos, mi presente, dar al pasado su identificación y lugar para seguir adelante, forjando el futuro que sueño y en el que me enfoco.

¡Te sorprenderá saber cuánto más puedes hacer y que puedes ser la mejor, sin necesidad de competir con nadie, pues al enfocarte en tu crecimiento personal, tendrás menos tiempo para envidiar, pelear, estar de mal humor o frustrada queriendo abarcar todo.

¡DALE QUE TÚ PUEDES!

¡Anímate a hacer grandes cosas! Decídete a disfrutar tu vida los 12 meses del año, enfocada en estas aristas importantes que le dan sentido y propósito a la vida de una mujer habitante del planeta Tierra. Organizar la vida no es así no más, pero tienes que empezar ya, revisando cómo estás y te sientes con tu área:

- Espiritual
- Personal
- Salud Familiar
- Ministerial / servicio al prójimo
- Laboral
- Finanzas
- Académico
- Relacional
- Recreacional

La idea es que cada categoría la ubiques equilibradamente en tu agenda. Te aseguro que si Dios está en primer lugar, todo tomará su justo espacio y te irá de lo mejor.

Así que haz una lista de lunes a domingo, desde que levantas hasta que te acuestas y mira ¿cómo pasan tus días? ¿Eres feliz? ¿Te gusta y te sientes bien sabiendo en qué gastas o inviertes tu tiempo? ¿Qué puedes eliminar, reducir, sumar y ajustar? Será un gran comienzo…

#RetoMaravillosamenteVirtuosa

Con esa etiqueta en mis redes sociales, llevo años compartiendo imágenes, videos, tips, informaciones que no me las podía quedar porque ayudan a lograr esta carrera que juntas asumimos. Puedes buscarla en Twitter, Facebook, Instagram y Pinterest, también encontrarás pasos en cuanto a memorizar ideas reconfortantes y alentadoras que te animarán al recordarlas, ***GRÁBALAS EN TU CORAZÓN*** y en tu mente: ***Trocitos de la Biblia.*** Haz de tus frases alentadoras favoritas tu recordatorio desde el amanecer.

Anota y celebra tus avances hacia la mujer virtuosa que quieres llegar a ser con el *Reto del mes,* ***NADIE MÁS QUE TÚ PUEDE HACERLO,*** teniendo en cuenta que esto nunca acabará, que es un día a la vez… a menos que mueras.

Y es lo que lo hace interesante y divertido, si asumes disfrutar el proceso que podrás acompañar con recomendaciones literarias, que aparecerán como *Incluir en mi biblioteca.* **¡LEE!** Enriquece tu léxico, habla cosas buenas, poderosas, que lleven a la acción, motiven e inspiren a quienes te rodean.

Y, ¿si lo acompañas escuchando una canción? Me encanta leer, reflexionar, meditar, orar, descansar entre melodías que regeneren mis células, activen mi organismo, me hagan soñar, me animen y reconforten. ***LA NOTA MUSICAL*** que te compartiré, será una selección de mis artistas favoritos.

Y con acciones sencillas te animarás y harás porras tu misma por avances, por más pequeños e insignificantes que resulten pero irán cambiando tus días.

ACTÍVATE - HOY ES UN BUEN DÍA PARA... será el cierre de cada episodio, con tips que te guiarán y tú misma podrás diseñar más tareas para ir avanzando. Otras que se te ocurran y puedas compartirme sería genial.

Esto no es un libro tradicional, es algo original para alguien exclusivo como tú. Y verás, que comienza en el mes de Noviembre...–aunque eso no determine tu inicio del reto– y es porque en ese mes fue que decidí "a tiempo" hacer algo crucial en mi vida: No terminar el año sin comenzar a hacer algo importante y determinante con mi vida.

Tienes la libertad de asignarle el número, día o mes que quieras, así como el orden acorde a las prioridades de vida que tengas. Incluso, si eres como yo que de pronto lees desordenados los capítulos, también es válido. Con tal que lo disfrutes y apliques.

Quise vivir y tomar las riendas de mi vida. Ya tenía un mes viviendo sola, y necesitaba reorganizar mi vida. Y no podía esperar el mes de Enero, un nuevo año o un lunes. Tampoco tener kilos de más y menos dinero en el banco, por la temporada que todos esperamos y nos lleva a veces a lamentar por los excesos.

Declara bendiciones, optimismo, esperanza a tu corazón y tu mente cada día. Cada vez que te mires al espejo sonríe, regálate lo mejor de ti amando quien eres. No todos van a aceptar o entender que quieres pasar tus días mejor.

Y tocarán tiempos de soledad, de esa potencial para estar mejor acompañada, hacer florecer tus sueños, enfrentar con valentía desafíos y sobre todo...sentirte feliz. No todo es culpa de otros, de las circunstancias, hasta al pobre diablo le culpan de todo. Asume tu responsabilidad. Es tu vida. Son tus decisiones. Tu mente, tu cuerpo, tu corazón, tu espíritu.

El Reto
de los 12 meses

¡REGÁLATE UNA NUEVA VIDA!

¿Qué anhelas y sueñas? Hoy día haces lo que te gusta, lo que querías ser cuando eras pequeña, lo que eligieron tus padres, a lo que te llevó la vida o si te disfrutas apasionadamente y con desplegable gozo tu cotidianidad?

Diseña tus apasionantes días a partir de hoy, sin anclarte en temores, excusas, miedos, psicoterror familiar, amistades negativas. Con los pies sobre la tierra, sin soltar globos de colores que envuelven tus deseos, puedes cambiar tu rutina.

Te animo a que comiences a hacer lo que hace tiempo dejaste atrás, olvidaste, descartaste por razones miles. Eso que te robaba una sonrisa, te hacía saltar el corazón, lo que te hace suspirar ¿qué te detiene a hacerlo hoy, esta semana, este mes?

A cada área de tu vida de las categorías que propuse, asigna tres acciones que llevarás a cabo intencionalmente, con enfoque, atención, alegría y cariño, mínimo por 21 días, para que logres incorporarlo en tu ser y convertirlo en un hábito en tu vida. Ten paciencia. En el camino habrá hábitos que desaprender y desechar, pero poco a poco, sin enloquecer.

El Reto Maravillosamente Virtuosa incluye renovar ¡TODO! si donde estés es poco grato y no te alienta a nada... es tu gran oportunidad. Lo que te bloquee... ¡muévelo! Eso se llama polvo, telarañas, peroles, basura, olvido y bichos, miedo, ansiedad y pena. Y no te servirá.

Nada como dedicar tiempo al cuidado de tus espacios de vida diaria. Haz grato cada rincón, es reflejo de tu corazón. Limpia, cambia cosas de lugar, pinta una pared, compra flores, aromatiza, llena de color, coloca plantas y detalles en tu hogar, tu oficina, tu carro, donde quiera que estés. Yo disfruto y amo mis días de "Cenicienta".

TIPO CENICIENTA

¿Recuerdas ese personaje? Investigando di con que procede de historia de hadas, de origen folklórico europeo, pero que hasta tiene versiones y connotaciones distintas tanto en el continente asiático como el europeo. Conocida en Latinoamérica con el término novelero "cachifa" y conjugándose como cachifear, es un término despectivo que engloba una de las tareas más fascinantes de la mujer, ese gran y arduo trabajo, el mejor de todos y el más mal pagado: el cuidado del hogar.

Mis amigas dicen que estoy loca, pero es que amo eso que me toca como mujer. Quizás porque crecí ayudando en casa, en el negocio de mi familia y hasta anhelaba las vacaciones para ayudar a la conserje de mi edificio a limpiar. Era tanta la locura por ordenar, limpiar organizar, cambiar cosas de lugar, lavar, planchar en fin… uff, me cansé hasta de escribirlo… que soñaba de pequeña ser ama de casa y señora de servicio al crecer.

Y algo que aunque no me paguen, lo hago con amor. Ya teniendo mi propio hogar y a donde vaya, es un deleite prestar mi ayuda y talento para ello. Porque qué bien se siente estar en un lugar que huela rico, donde todo esté impecable, que puedas sentarte y no salte polvo, que puedas tener donde caminar, ver destellos de luz en las ventanas y tu rostro en un espejo y no manchas de agua y crema dental. ¿Cómo está tu baño, cómo luce tu oficina, tu cartera?

¡No lo veas modo castigo o mal, sino como algo a favor! Pues podrás tener todo lindo a tu gusto o al menos cerca, considerando a quienes viven contigo. Encontrarás más fácil todo, espantarás plagas, podrás sincerarte con tu clóset y cosas para donarlas, regalarlas o botarlas. Y si estás casada, sobre todo, ¡bota las pijamas feas, por Dioooos!, demuestra amor a tu esposo con tu mejor pinta, por más confianza que tengan, no le hagas esa maldad.

Aprovecha en la ordenadera de recordar tu edad, de madurar y tus cosas infantiles destinarlas a niñas que puedan disfrutar de lo que tú alguna vez tuviste. Es tiempo de cosas que se ajusten a tu estilo de vida, gustos, necesidades y utilidad. Y si incluye uno que otro peluche, está bien, disfrútalo.

Y no es necesario que te pongas la peor y más horrorosa ropa, sin maquillaje y andes despeinada. ¡Por la paz y los niños de África! A mí ni chiflada me encontrarías así. Mi mamá me enseñó a andar siempre limpia, linda, ordenada a toda hora y todo momento. Puedes andar cómoda, deportiva, y hasta estar en el peor de tus días, pero hazte un favor: luce aseada, delicada, con amor propio.

En mi caso, infaltable mi labial, mi máscara de pestañas y andar combinada hasta para dormir. Siempre pienso en que si me tocara correr a media noche en un temblor, susto o que se yo, no me tomará desprevenida ni fea. Eso sí, después de un intensivo de Cenicienta, incluye un Día o rato de Princesa. Más adelante detalles…

GRABA EN TU CORAZÓN - Trocitos de la Biblia

Salmos 90:12 "Enséñanos a entender la brevedad de la vida, para que crezcamos en sabiduría"

NADIE MÁS QUE TÚ PUEDE HACERLO - Reto del mes: Si por ejemplo, tu anhelo es ahorrar y regalarte unas navidades de lujos y obsequios: 1- Haz tu presupuesto 2.- Cúmplelo al pie de la letra pensando en el "ahorro" 3- Mídete al gastarlo buscando presupuestos, mejores opciones y disfrutando esa temporada, sin quejarte por haber gastado de más. Cosa que no debería ocurrir, si cumples los pasos 1 y 2.

LEE - Incluir en mi biblioteca: *"Luzca estupenda, siéntase fabulosa". Joyce Meyer.*

ESCUCHA - La Doble Nota Musical: *"Bendecido Para Bendecir" Kerwin Márquez / "Pensaba en ti" Marcela Gandara*

ACTÍVATE - Hoy es un buen día para... ordenar tu ropa, sobretodo la interior y pijamas. Bota, lava, regala. Renuévate. Más si estás casada. Si usas piezas muy apretadas, desaliñadas, descoloridas, rotas, tiras del brassiere enredadas y sucias, habla mucho de ti. Te serán útiles cestas, gavetas, bolsos grandes, repisas. **¡Bota, regala y renueva!**

¡NO ESPERES LUNES NI NUEVO AÑO!

¿Conoces cuál es tu misión y visión de vida? Esto dirigirá tu brújula. ¿Qué quieres hacer y cómo te ves en unos años? Será crucial. No importa cómo ha sido tu vida. ¡Sigue adelante, esfuérzate y florece! Descubre tu propósito y no te limites a lo que digan de ti, lo que te impongan o motiven a hacer por complacer a otros.

¿Para qué esperar con uvas las 12 de la medianoche si hoy con papel y lápiz puedes trazar metas y empezar a cumplirlas? Y no todo depende del exterior, contexto económico o social. Y por experiencia, te cuento que no es necesario ser "hija o amiga de", ser millonaria, y ni tu currículum vitae, inteligencia y habilidades determinan quien eres ni lo que lograrás ser. No te harán precisamente más mujer, sino tus <u>virtudes</u>. Es decir, todo comienza en tu interior.

¡Dios nos hizo tan bellas! Si decides dejarle habitar y obrar en tu corazón, verás hasta maravillas inexplicables. Asume el reto y deja que Jesús guíe tu vida. Para Él tan importantes y especiales somos las mujeres, que nos incluye y cuida con cada palabra en la Biblia, eligió nacer del vientre de una virgen preciosa, que quienes lo atendieran y acompañaran, hasta aquellas desechadas por la sociedad tuvieran un buen lugar. Hasta son mujeres las primeras testigos de su resurrección, elegidas para llevar las buenas nuevas a los demás.

Todas somos como flores diferentes en un jardín...y una no menos hermosa que otra. ¡Así nos creó Dios a las mujeres! Aun entre lodo y piedras crecen preciosas floreciendo, dando frutos, aromas y color. ¡Ámate! Valora, cuida y ama también a las mujeres de tu vida, de esas que para bien han marcado tu vida, y las que no también, porque nos enseñan a como NO ser.

De cada una siempre hay algo que aprender. Aprecia y conoce más y más a quienes como tú...quieren ser canal de bendición para otros. Haz una lista de esas mujeres a quienes pudieras dedicar un rato para consultarles en su sabiduría, qué pueden aportar a tu vida como experiencia, para que puedas dar pasos firmes y con lo más poderoso después de la Palabra de Dios y el Amor: la información.

¿QUÉ HACES CON TUS 24 HORAS?

Quieres 54859 mil horas más al día, ¿pero no aprovechas bien ni siquiera 24? Esto se trata de administración de tus segundos de vida. Piensa en lo que más disfrutas pasar el tiempo y te hace sentir útil, en eso que te relaja, disfrutas y esperas el día y la hora ansiosa para vivirlo. A eso dedícate.

Generalmente y de modo inconforme, anhelamos lo que otros tienen o la etapa de vida que sigue a la que ahora vives. Si estás en el liceo, quieres estar en la universidad; si estás soltera, te quieres ya casar; si estás estudiando, ya quieres trabajar.

Cuida tus pensamientos y decide optimizar tu jornada para avanzar a lo que quieres. Nunca tendrás suficiente para ser feliz. Mientras te alegras por algo, otra cosa te enfadará o entristecerá. Así somos y ni se diga como mujeres.

Cada temporada de vida tiene su encanto, personas, situaciones y oportunidades. Sin afán por el futuro, sin anclarte en el pasado que ya no volverá, nada como dar gracias a Dios por un nuevo día y alistarse de lo más resplandeciente para vivirlo a plenitud.

Amo los lunes, martes, miércoles, sábados… todos los días. Porque tú hoy tienes la dicha de ver, respirar, caminar, sentir… otras mujeres no despertaron hoy. Murieron enfermas, asesinadas, abusadas, abandonadas… ¿y tú? Cuando pensamos y contamos nuestras bendiciones, regalos, logros, podemos ver todo diferente. A partir de hoy aprecia más cada gota de agua en tu rostro, tus comidas, tu almohada, tu ropa, tu familia, donde estés.

Yo hago más cuando planifico realistamente mi tiempo, dejo margen para respirar y ya no me lleno de cosas y compromisos. Me ha rendido más cuando tengo infinidad de cosas en mi agenda que cuando está ligera. Y es que así, logras disciplinarte y apreciar tus minutos.

No se trata de cumplir con todos, estar en todo, no perderte nada por el qué dirán. Muchos no comprenderán si quieres tomarte tiempo con Dios, contigo o como me pasaba más antes que ahora… que cuando estaba harta de diligencias o labores, decidía unas horas irme al zoológico con un buen libro, mi cuaderno y lápiz y me compraba un helado, nada más y nada menos que a despejar la mente, refrescarme con lo que me calma para retomar fuerzas y seguir.

GRABA EN TU CORAZÓN - Trocitos de la Biblia

Romanos 12:2 "No imiten las conductas ni las costumbres de este mundo, más bien dejen que Dios los transforme en personas nuevas al cambiarles la manera de pensar. Entonces aprenderán a conocer la voluntad de Dios para ustedes, la cual es buena, agradable y perfecta".

NADIE MÁS QUE TÚ PUEDE HACERLO - Reto del mes: añade a las listas pasadas, una lista de las cosas y personas que te hacen feliz. De tus bendiciones y lo que has logrado en este año. Ser agradecida te llevará a otro nivel, cambiará tu lenguaje y estarás predispuesta a seguir creciendo, triunfando y festejando lo bueno de la vida.

LEE - Incluir en mi biblioteca: *"Una vida con propósito" de Rick Warren.*

ESCUCHA - Doble Nota Musical: *"El Dios Que Me Ve" Lilly Goodman / Lucia Parker "Cielos de color"*

ACTÍVATE - Hoy es un buen día para... organizar tu estuche de maquillaje. Saca punta a tus lápices de labios y ojos, desinfecta tus brochas, pinceles y pinzas, renueva tus labiales, limpia tu cepillo/peine, SUGERENCIAS: no falte cepillo dental, antibacterial, perfumito, toallas sanitarias, lima de uñas, esponjas limpias. Varío mis cartucheras para poder lavarlas y refrescar mis cosas, también dependiendo de la ocasión y cartera del día. **¡Bota, regala, renueva!**

ENERO

¿LISTA PARA CONTINUAR EL RETO?

El 1 de enero de 2013 quería asumir un reto que pudiera cumplir, algo acorde a la voluntad de Dios, que me hiciera mejor mujer, que me ayudara a prepararme para ser una novia y futura esposa maravillosa... me topé con Proverbios 31 al pedirle a Dios ayuda y guía, así de rápido y fácil aunque no siempre es así.

Algo que de verdad pudiera yo palpar, sentir y vivir. Al leer me preguntaba... ¿cuál lana, cuál piedra preciosa, cuáles cambures? Y me dediqué a explorar en las redes sociales las cualidades de esa mujer virtuosa que relata la Biblia con tanto ahínco y exaltación.

Apasionada por la excelencia, feliz de ser mujer y con la potencialidad de seguir develando la María Jesús interna, me topé con un esplendoroso mundo de virtudes que podía mejorar, otras que debía esforzarme para alcanzarlas y cumplirlas, sin desmayar, animarme con las que no tenía vida definitivamente, desde mi humanidad.

Pero aferrada a ese anhelo de cumplir mi sueño de formar mi familia, ser mejor mujer, ciudadana, profesional, hija, hermana, sobrina, tía, prima y amiga... y algún día, novia, esposa y madre, tomé cuaderno y lápiz, mi laptop, mi bebida achocolatada favorita, musiquita de fondo y a estudiar y asumir el gran reto de mi vida que en más de 2 años me ha llevado al éxito, en áreas de mi vida que iban desde lo normal, hacia lo insoportable e increíble.

¡Pero ahí voy! Y es de nunca acabar, así que súmate para que seamos más y seamos porristas unas de otras. ¡Vamos! Sincérate contigo misma. ¿Qué te impide a emprender lo que anhelas, hoy mismo? Cada día es un reto, una oportunidad, un riesgo, una bendición, que decides o no aprovechar al máximo. Es así como se logran los grandes sueños: con pequeñas acciones.

¿Por dónde empezar? Arma las piezas de tu rompecabezas, viendo el todo y el camino a recorrer para llegar a ello. Quizás se te hace más fácil escribirlo en papel o tu computador, pero este gesto es vital para organizar tus ideas, impregnarlas de pasión con topes de fechas, a quién contactar, a dónde ir, qué debes hacer.

¿Quién mejor que tú para entender y ver lo que deseas. Para ofrecer y vender tu servicio, marca o producto? ¿Qué tal si no llegas al próximo lunes o mes de Enero? De pronto tus finanzas, contactos, contexto social, tus emociones, tus seres amados, tus capacidades y habilidades, y hasta la muerte, te impidan seguir adelante.

Pero tengo una gran noticia para ti. Sólo en tus manos está la solución y… con tan solo un poco de Fe, se que lograrías grandes cosas. Y es que Dios te diseñó con un plan divino excepcional, uno que sólo tú puedes llevar a cabo y con tu pasión, deseos, ideas y frutos que quieres cosechar puedes emprenderlo. Es cuestión de… armar el rompecabezas ¡hoy!

No esperes más. Dale un nombre, trázate estrategias y acciones simples, sencillas y factibles que desde ya puedas activar. Siempre habrá alguien dispuesto a animarte, ayudarte, guiarte, acompañarte y hasta sorprenderte. También gente tóxica que lo impide, a esos ignóralos. Pero si no estás claro con lo que deseas hacer, menos podrás explicarlo, ni otro verlo.

UN DÍA A LA VEZ

De pronto la emoción te moverá a hacer todo hoy. Así que detente a pensar y ser realista. Un día a la vez, para llevar a cabo de una a tres tareas al máximo, por día. Si logras más, ¡felicitaciones! Estás verdaderamente animada y comprometida con tu crecimiento, la excelencia y un norte bien planteado.

¿Qué es lo peor que puede pasar? Deja a un lado temores, miedos, desesperanza, miseria mental, financiera, pensamientos, dudas y da un paso de fe. ¡Cree en ti y en lo que puedes hacer! Aprende lo que debas aprender, prepárate, capacítate, entrena a tu cerebro y tu cuerpo enfocado en la meta.

GRABA EN TU CORAZÓN - Trocitos de la Biblia

Salmos 90:12 "Enséñanos a entender la brevedad de la vida,

para que crezcamos en sabiduría"

NADIE MÁS QUE TÚ PUEDE HACERLO - Reto del mes: No esperes Enero o un lunes para hacer lo que te quita el sueño, te inquieta y te elevará hacia la mejor versión de ti. Si ves todo con ojos terrenales …te entiendo. Quizás no hay luces o la trillada frase "crisis = oportunidades" que ni sabes cómo vivirla ¡Decide ver con ojos de fe y actívate! Yo Amo cada día entregar mis planes, sueños y agenda a Dios. Amo los lunes y los demás días.

¡Y, es increíble, cómo Él me sorprende y maravilla al ayudarme en más de lo esperado! No sólo por lo grandioso que es y por su Gracia, es porque yo me muevo, avanzo y aprovecho cada día.

Piensa y escribe cómo te ves y qué esperas lograr en 1, 3, 5 años. Acompáñalos con algunas palabras, verbos y citas claves que te llevarán a ello.

LEE - Incluir en mi biblioteca: "Logra lo extraordinario" de Laura y Héctor Teme.

ESCUCHA - LA NOTA MUSICAL: *"Un Día A La Vez" de Seth Condrey.*

ACTÍVATE-HOY ES UN BUEN DÍA PARA: arreglar tus accesorios, bota los rotos o con ligas vencidas, lo oxidado, desinfecta con alcohol tus zarcillos, precisa si van acorde a tu edad y estilo. Me han sido útiles cestitas, cofrecitos, bolsitos, bandejitas, recipientes plásticos de colores, estuches colgantes. ***¡Bota, regala, renueva!***

RETO
FEBRERO

¿EMOCIONES CLARAS?

¿Qué me calle y respire cuando veo a alguien cometiendo una injusticia, infracción o con mala actitud? ¿Qué no pelee con alguien que abusa de su autoridad o porque es hombre? ¿Qué respete, acepte y trate con amor a quien me cae mal, me ha humillado y hecho mal?

Ujum, nada fácil. Ni talleres ni libros valen aquí. Solo el fiel deseo de ser una seguidora de Cristo que ama la verdad, la fe, la esperanza y cree en ello. Y para creerlo y ser de ejemplo, simple: hay que vivirlo. También, si tu anhelo es ser una mujer diferente, que deje mejor este mundo, que por donde pase su estela, no sólo de belleza y perfume impregne todo, sino con hechos admirables y cautivantes.

¡Vive bendecida para bendecir! Transformando tu carácter y haciendo florecer tus virtudes créeme, será el espejo del lugar y control que tus emociones tienen en ti o tú en ellas. Cuando renuncias a todo, menos a tus sueños y descansas en Dios... verás Su gloria y milagros en tu vida.

¿A quienes tienes que perdonar y soltar? Deja de desgastarte queriendo tener el control de todo, de dejarte manipular por tus propios deseos y al querer hacer las cosas como tú las quieres, siendo egoísta y apática a lo que los demás sienten, anhelan y quieren también.

¿Muy sensible y llorona, muy seca y fría? Empalagosa y alborotada quizás… así mismo ves la vida y la contagias. Es normal que culpemos una vez a nuestras hormonas de nuestro carrusel emocional, pero el resto del mes ¿qué? Podemos disciplinar lo que sentimos, siempre y cuando seamos lo suficientemente valientes para identificarlo, ponerle nombre e intervenir.

Si es necesario busca ayuda de psicóloga, psiquiátrica o de grupos de apoyo, lo cual no es sinónimo de cobardía o debilidad, ni que estés loquita, sino de valentía y ejemplo por ser mejor contigo misma y con otros. Pero, ¡ojo! No esperes otros te resuelvan la vida. Te toca a ti. Conté con amigas especialistas en esos temas para lograr encontrar lo que me hacía ser explosiva, y descubrí que aun así Dios me amaba. ¡Simplemente genial!

Sólo era cuestión de aprender a canalizar brotes de alegría, lloronas donde todo agarraba cola para llorar de una sola vez por todo, y ataques de ira. No seré perfecta, pero si me porto mejor, trato a otros con cuidado y me acerco a ser la mujer que Dios creó.

DÍA O RATO DE PRINCESA…
PARTE 2 DEL CUENTO

¿Cómo irradiarás lo mejor de ti si luces desaliñada? En mis peores días, trato de lucir lo mejor posible, porque eso anima mi corazón y levanta mi ánimo. Cremas faciales y corporales, perfumes, esmalte de uñas, maquillaje natural o espléndido acorde a la ocasión, hora y lugar que amerite, son parte de lo necesario para turnos de belleza, que agradecerás y quienes te rodeen también. Y no esperes tener más de 40. Comienza ya, así sea con mascarillas naturales.

Rota tus pintas, limpia tus zapatos, cambia tapitas de tus tacones, lustra tus prendas, cose y plancha tu ropa, y cuidados afines. Si te organizas en tus finanzas podrás apartar para regalarte accesorios, renovar clóset, regalarte ratos de peluquería, manicure/pedicure, masajes, spa, tratamiento facial, en fin, esos cariñitos que siempre postergamos, por falta de tiempo y de todo, hasta que estamos hechas un desastre y pasamos penas, nos enfermamos y otras fatalidades más como consecuencias. O, peor aún, si conoces a alguien que te gusta, ¡ahí si bonitica! No… hazlo por ti desde ya.

TIEMPO RETRO

Parte de mi infancia fue en el centro de belleza de mi mamá. Y pues, como dice el dicho *"en casa de herrero, cuchillo de palo"*. Visito a mi peluquero dos a tres veces al año con cabello mojado lista para que me sorprenda con un corte y secado; otra única vez para el cuidado intenso y coloridas brochitas a mis uñas; y mensual, caer en las manos de mi mamá cada vez que logra convencerme y encerrarme en su cabina de cosmetología, para arreglar mis cejas y colocarme mascarillas faciales.

Y es que aprendí de todo lo que veía y me hago todo yo. Algo que podría usar para ganar dinero extra, también para ahorrar costosos servicios y pasar tiempo a solas escuchando música, oliendo velas aromáticas y pasando un rato divertido conmigo misma, con tal de realzar mi belleza cuidando cada detalle fuera de lugar a ubicar. También es buena idea para compartir con amigas.

Eso resultó importantísimo no sólo para que mi esposo me encontrara irradiando flechas, de que era yo la mujer que tanto anhelaba, sino también cuando sobreviví a accidente de tránsito.

Otra loquera, si. Mi vida ha sido divertida sin duda y hasta de lo peor saco lo bueno, hasta de un novio gay que me engañó encubriendo sus gustos, pero eso es para otro libro.

¿Qué qué me pasó? Pues, en una única ocasión que en el año visité a mi peluquero para un peinado porque iba a evento musical que lo ameritaba, por supuesto combinada y arreglada, pero manejando con sandalias cómoda, fui víctima de un caballero que sacó su licencia de conducir en una bolsita de ponqué y jugaba a carritos chocones, dejándome cual taza giratoria en medio de una concurrida avenida de mi ciudad en plena hora pico.

Entre esos segundos, en que todos mis conocimientos en primeros auxilios como voluntaria de la Cruz Roja, como periodista investigadora y de asidua televidente de Discovery se activaron, mi seguridad y confianza en lo que sabía de esa situación inesperada y de mí, me ayudaron a mantener a calma, me llevaron a hacer lo más oportuno con tal de no quedar inválida.

Y eso incluía algo que siempre pensaba en mi época escolar, en que es común torcerte el tobillo o desmayarte al sol en esas sacrificiales corridas deportivas que detestaba: ¡Me da de todo que ocurra algo así y quien me socorra, encuentre no estoy depilada, huelo mal o estoy combinada terrible cual caja fuerte! Decía a mis amiguitas y todavía lo hago... Chicas siempre lindas y listas como los Scouts.

Ocurrente, pero fue alivio cuando llegaron bomberos a sacarme de mi vehículo y saber que estaba en perfecto estado. ¡Sí! Se hizo vida el *"primero muerta que sencilla"*. Gracias a Dios andaba combinada porque los bomberos y enfermeros te revisan todo ¡del verbo todo!

Y los nervios me dieron por dar parte médico de mi estado a mis rescatistas, e instrucciones a mi cuñada que llegó a socorrerme con mi familia, de algo importantísimo: que tomara mis tacones y mi estuche de maquillaje y los lleváramos en la ambulancia ¿qué tal?

Cada detalle cuenta chicas. Sonará banalidad pasajera lo que les cuento, pero en medio de todo, me sentía bien de no sumar estrés a mi situación o que mi mamá al verme me viera peor de lo que estaba. Y es que cada cosa que hacemos y decimos habla por sí mismo. ¿Qué quieres que digan de ti? Cuándo mueras, ¿qué quieres extrañen de ti y digan?

Muchas emociones revueltas en pocas líneas. Pero quiero llevarte a TU HISTORIA. ¿Cómo va?

Mis líneas pasaron por drama, recuerdos, risas y dolor. Desafíos que me confrontaron y hoy me han guiado a ser la mujer que soy.

Fíjate… aun cuando podría decir que me han convertido, prefiero decir me han guiado, porque las manejé ahora de "grande" y con ayuda para distinguirlas y ubicarlas, como algo natural que emana de mi corazón y por mi personalidad, más prefiero sea Dios usándolas para mi bien y canalizarlas para el bien de otros.

GRABA EN TU CORAZÓN - Trocitos de la Biblia:

Gálatas 5:22 "En cambio, la clase de fruto que el Espíritu Santo produce en nuestra vida es: amor, alegría, paz, paciencia, gentileza, bondad, fidelidad, humildad y control propio. ¡No existen leyes contra esas cosas!"

NADIE MÁS QUE TÚ PUEDE HACERLO - Reto del mes:

se intencional en activar lo bueno para ti que hay desde lo más triste y doloroso de tu vida, para dar frutos lejos de la queja y el drama que espanta, y que te ayuden a ser una mujer equilibrada y con sanidad emocional. Hay tiempo para todo, para reír, llorar, descansar, trabajar… tú fuiste diseñada para vivir desde tus emociones, pero que no te manejen a ti ¡Hazte ese favor y a la humanidad!

LEE - Incluir en mi biblioteca: *"Las mujeres y sus emociones"*. Miriam Neff.

ESCUCHA - LA NOTA MUSICAL: *"Me Basta" Mónica Rodríguez*

ACTÍVATE- HOY ES UN BUEN DÍA PARA: escoger un lugar especial para tus cositas de uso cotidiano. Una cestita, cajón o bandeja donde vaciar tu cartera, mantenerla limpia, ordenada y que tengas a mano lo necesario al salir o hacer cambio de bolso. Te ayudará a organizar, guardar, desechar y encontrar todo fácilmente. Tí-

pico que perdemos las llaves o dejamos el labial. En mi oficina tengo una cestita plástica de depósito cotidiano para liberar mi cartera y en mi sala, otra para cosas de mi esposo y mías que compartimos: llaves, carpeta acordeón con papeles y dinero en efectivo para el diario. Aprovecha: **¡Bota, regala, renueva!**

MARZO

¿POR DÓNDE COMENZAR?

Te diría que por ordenar tus finanzas, pero el reconocer quién eres y para qué eres buena, considero es prioridad. En este reto, confirmé que tener a una contadora personal ha sido una gran decisión si de estar al día, en lo tributario y administrativo, se trata. Es tu mejor aliada cuando quieres ser buena ciudadana al respecto. Pues, si usted no cumple con sus deberes, no se atreva a reclamar o exigir algo al Estado.

Regresando al tema que nos avivará en esta temporada ¿Por qué comenzar por ti? Porque te ayudará a organizar tu vida con sentido. ¿Has leído o escuchado la fórmula FODA? Reconocer tus *fortalezas* potenciará tus *debilidades*, y reconocer las *amenazas* de tu entorno te conectará a *oportunidades*.

Así que cuando te tomes un tiempo para autoexaminarte, sin caer en disciplinas autoflagelantes, sino con el amor, aceptación, compasión y ternura que merece tu corazón, verás con un cristal mejor lo demás y a otros.

Muchas cosas quizás no funcionen en tu vida porque insistes en hacer o lograr algo que no es tu competencia. Y terminas frustrada con malestar que haces viral y sin resultados. ¿Desgastante verdad?

Hay tests, herramientas psicológicas y terapias que ayudan a descubrirte si es que parece una labor titánica ahondar en lo más íntimo de tu ser. En lo que te has destacado, con lo que triunfas, lo que te produce rentabilidad, lo que roba sonrisas, aplausos, bendiciones, lo que atrae a otros a ti, lo que te agradecen, lo que aportas a tu hogar, tu sitio de trabajo o estudio, puede darte referencia en lo que eres buena.

Lo mejor de todo, es saber que eres así porque el más interesante y prolífero creativo del Universo, Dios, te creó con un toque muy tú de Él en ti. Es Él quien te dotó por Su gracia y bondad de dones y talentos, que te distingue de otras personas. Así existan miles de diseñadoras, reposteras, maestras, doctoras, obreras… eres única y especial, y tu fuente es Dios.

Es decir, que eres buena en algo y algo sin igual. Sumérgete en la aventura de ver qué hay dentro de ti, qué recorre en tu sangre, de qué estás hecha y sácale provecho para tu bien y el de otros, y para gloria de Dios.

Creo que enloqueceré

¡Sirvo para hacer muchas cosas y las amo todas! No dudo de tu versatilidad, y es increíble cuando muchas cosas por hacer, entre labores, diligencias y desafíos diarios, te mueven a ocuparte más de la cuenta. Hasta el punto de convertirte en experta en "todología". Y cuando esto ocurre, enfocarse y no desenfocarse resulta el reto más extenuante, pero si es posible.

Hasta el cansancio a veces logramos hacer muchas cosas, sentirnos útiles, afirmadas y con ese suspiro de...uff... Si yo no lo hubiese hecho, ¿quién verdad? Resulta abrumadamente sabroso ese agotamiento. Pero, ¿te has detenido en la celebración de tachar en agenda tus pendientes, y frustrarte al ver que no hiciste esto o lo otro, y que hay algo que seguirá postergándose... a costa de qué y llevarnos a unos cuantos por delante estoy llevando mis días?

Me encantan los retos pero desafiarme a mí misma es abrumante a veces. Una temporada de mi vida llegué a mil revoluciones y aun cuando llevaba una vida exitosa ante la vista de todos, la soledad y ansiedad eran mis compañeras, que se escondían detrás de estudiar, trabajar, estar siempre con gente, con temor a la oscuridad y detestando dormir.

¿Mujer pesadilla?

Los resultados: ansiedad crónica, abuso de chocolate, verdaderos amigos familiares dejados a un lado por siempre estar full, y un organismo afectado en su vitalidad y funcionamiento óptimo. ¡Ni contarles cuando el sueño y el malestar tocaban a la puerta! los más cercanos, a quienes amamos y de verdad están allí, son los salpicados. Y cuando por caprichos en forma de tacones, libros y chucherías espelucaban mis finanzas, bueno, y las del banco con las tarjetas de crédito, que por si no lo sabes, esa plata no es tuya ni las tienes realmente.

Es bueno tener cualidades y que brillemos por eso, pero cuidado, porque al extremo, se convierten en defectos. Y es aquí cuando ser mujer maravilla se transforma en la mujer pesadilla para sí misma y para otros. Sin contar que lo que quedará de ti, no es saludable ni halagador.

Conocer tus límites y los de otros te guiarán hacia un comienzo sensato y grato, a enfocarte en lo que eres estupenda y buscar ayuda, atajos, opciones, alternativas y herramientas que te mantengan pies en tierra.

Aprovecho por ello esta ocasión para agradecer a todas las personas que bien sea por una temporada, instante y los que hasta ahora permanecen, por ser esa cobertura, guía, modelo y refugio cuando más mi corazón, mi mente y mi cuerpo lo han requerido.

También a aquellos que paciente, sabia o complacientemente, estuvieron con su mejor o peor actitud, aquellos que no comprenden a personas con estas calificaciones porque resulta ser cansón y es más fácil avergonzar, desplazar e ignorar: niños índigo, personas altamente sensibles, con el play activado 24 horas, elocuentes hasta dormidos, carismáticos, optimistas al extremo, con esa efervescente combinación temperamental de colérica-sanguínea y como digo yo que soy... Hasta hemorrágica.

El caso es que, sin ánimos de creerte el ombligo del mundo, ni ser un muro lamentos portable, es tiempo de descubrir, conocer y detectar cómo estás, te sientes y te ven. Porque así sabrás por dónde efectivamente comenzar.

GRABA EN TU CORAZÓN - *Trocitos de la Biblia*
Filipenses 4:13 "Todo lo puedo en Cristo que me fortalece"

NADIE MÁS QUE TÚ PUEDE HACERLO - Reto del mes: ¡Hoy es un gran día para aceptarte como Dios te diseñó, descubrir y potenciar tus dones y talentos! Haz una lista de tus cualidades. Mira al final del libro, un compendio de virtudes que te desafío revises de corazón y añade al lado una marca + si vas bien, - si necesitas mejorar en ella.

LEE - Incluir en mi biblioteca: *"Una Mujer Conforme Al Corazón De Dios" Elizabeth George*

ESCUCHA - LA DOBLE NOTA MUSICAL: *"Me Haces Crecer" Marcela Gandara / Abril Morales "Nadie más"*

ACTÍVATE-HOY ES UN BUEN DÍA PARA: arreglar y ordenar tus recuerdos, fotos, colecciones. De seguro tienes notas, regalitos, peluches, fotos que tienen valor sentimental. Dale entonces un lugar especial. Yo tengo un baúl decorativo en mi sala con fotos, una linda caja de panetone dedicada a la película "Titanic" donde tengo mi colección de postales que todos puedan ver. En una bolsa de regalo tarjetitas que me han obsequiado, en cestitas mis lápices de colección que ahora disfruto en mi oficina y doy de premio a mis sobrinitas y amigas que les encantan. **¡*Bota, regala, renueva!***

ABRIL

¿SABES CUÁN MARAVILLOSA ERES?

Reconoce y celebra quien eres luego del reto anterior. Y compártelo con mujeres que amas y apreciarán tu descubrimiento, pues ellas podrán afirmarte, corroborar lo que aprendiste de ti y te ayudarán de pronto a potenciar más de ti.

Las personas más importantes de tu vida, marcan tu corazón con sus palabras lo que piensan y ven de ti. Pero sabes qué, no siempre será grato o traerá felicidad. Sufrimiento y desaires también hay. Por eso, aplico lo aprendido y procuro cada día recordarlo: soy lo que la persona más importante en mi vida dice que soy: y ese es Dios.

Así que toda aventura en mi descubrimiento, va de la mano de los hurras y pompones de animador que es Dios para mí. Porque Él es mi papá, mi único amigo fiel que no me herirá ni fallará y que a pesar de mis faltas, errores y defectos como humana que soy, me ama, levanta y lleva por mejores caminos con sus enseñanzas aplicables a mis días.

Él toca a tu puerta y tú decides abrirle o no. Si lo rechazas o niegas, no te quejes o esperes baje a buscarte ¡búscalo tú! Sus promesas infinitas están relatadas a lo largo de la Biblia, en las historias de mujeres y hombres que vieron la bondad de Dios, como protagonistas, testigos o replicadores de Su grandeza, a través de la miniatura creación de Sus manos, pero no por eso menos especial y amada.

Hay que pagar un precio

Y si estás esperando solo buenas cosas, agárrate. Porque estás en planeta Tierra, y eres vulnerable. Nada es perfecto, solo Dios. Podemos lograr excelencia eso sí. Y donde estás hoy parada con frutos o sin ellos, es resultado de tu pasado. Por ello, hoy es un buen día para sincerarte y ser consciente de lo que haces, dices, con quién compartes y cómo pasas tu tiempo.

Incluso, para disfrutar de bendiciones, es imprescindible llevar una vida de obediencia y rectitud, obrar para el bien no solo propio, velar por quienes necesiten de ti y procurar avanzar a pesar de los tropiezos.

Nadie apedreará un árbol sin frutos, antes de correr, aprendiste a gatear, levantarte y caminar cayéndote de bebé. Los sacrificios y esfuerzos le dan sazón a los logros. Como piedras preciosas necesitamos ser pulidas.

Así que nada debería agarrarte desprevenida, no es que alguien te la tiene aplicada, eres desdichada, naciste para sufrir o que con lo fuerte que eres, a ti no te pasan ni pasarán ciertas cosas y situaciones. Es el momento de ubicarse y ver qué actitud elegirás.

Como cristiana aprendí algo que me consuela y reconforta en momentos de dificultad, y es que el mismo Cristo padeció hasta morir en una cruz, sufrió mucho, fue tentado, rechazado, y advirtió que aflicciones tendríamos… así que decido lavar mi rostro, animarme y optar por lo mejor para mí cuando hay días grises.

Esto incluye: llorar, buscar a alguien sabio con quien conversar, orar a Dios, arrepentirnos, decidir cambiar, hacer algo que te alegre y dejar hábitos tóxicos que nos limiten. Sin andar dando lástima como víctima del mundo cruel, sino con la frente en alto y decidida a encontrar lo mejor de ti.

¿Qué harás con tanta maravilla?

Como valiente mujer que eres, y clara con lo que tienes para marcar un hito en tu historia, la de tu familia y entorno, para bien o para mal, ser consciente de tus acciones diarias será vital. Los pequeños detalles y tareas serán tus aliados.

Por ejemplo, ¡Tu puedes hacer irresistible tu jornada y la de tus compañeros de trabajo! compartir algo sano que genere risas, bromas, esconder un chocolate en el bolso de tu amiga, llevar una flor a un ser querido enfermo, dejar una nota en el carro a tu amado, compartir palabras de ánimo en tiempos de incertidumbre y queja, o hacer una corta y sencilla llamada, puede cambiarle el día a quienes te rodean.

Fíjate como receptora de esas ideas palpables, ¿cómo te han hecho sentir? O si simplemente disfrutas ser introvertida, algo debe haber en ti que a otros agrade y haga florecer lo más sublime de ti. No prives al mundo de tu belleza, de lo que eres y tienes.

Libertad en Cristo ¡Vívela!

Ser cristiana es ser una seguidora y creyente de Jesucristo, tener un estilo de vida acorde a lo que dice la Palabra de Dios y tener comunión directa y cotidiana con ellos y el Espíritu Santo. Más que misticismo y religión, es algo que hace y hará, si lo decides, que tu vida sea trascendental.

Cada amanecer dispuse agradecer a Dios un nuevo despertar, sabiendo que muchos no lo hicieron. Pido a Jesús me acompañe y guarde en todo tiempo y lugar, y al Espíritu Santo que sea mi guía. No quiero hacer nada que me aleje de Su presencia o me impida agradarle.

¿Cómo saber que viven en mí? Es maravilloso sentir esa brújula interna activada. Si algo no me da paz, me inquieta o hace sentir mal, definitivamente debo detenerme o dejarlo porque no viene de Dios ni me hará bien. Y al leer cada día la Biblia, siendo lo primero que veo en mi celular al abrir mis ojos, si, antes que mis redes sociales y mensajes, el día comienza con un sabor a gozo y colorido.

A veces hay situaciones que lo empañan y es cuando guardo silencio y respiro, buscando en mi mente y corazón Su palabra de ánimo, fuerzas en sus promesas y esos recordatorios de advertencia cuando soy yo la que está mal.

No permitas que quienes te rodean, sea familia, amigos o hermanos de la fe, se impongan sobre tu vida y lo que Dios quiere hacer de ti. Nadie está exento de sentir envidia, rabia, egoísmo o lo que sea aniquilante y tome control de tus días. Aprende a escuchar y filtrar todo: por lo que dice Dios en la Biblia y lo que en tu corazón encuentres paz.

Ya Jesús nos hizo libres como para ser esclavas de algo o alguien. A veces sin darnos cuenta, en temporadas de crisis y vulnerabilidad, encontramos en alguien sabio, amado y hasta de autoridad, un refugio y apoyo aliciente, y puedes sentir el amor puro de Dios hacia ti, así como también la presa fácil que puedes ser de personas abusivas de poder, interesadas y que definitivamente buscan su propia satisfacción.

Y es algo que en todo lugar puede ocurrir. Incluso en las iglesias. Cuando algo extraño sentía ante una situación, recordaba que si yo también tengo al Espíritu Santo en mi corazón, puedo discernir y tomar mi propia decisión aun cuando pareciera contraria.

Y al tiempo pude dar gracias por ello. También por esos consejos recibidos de sabios que me rodean. Porque es Dios quien tiene escritos mis días, y somos bendecidas con quienes toman de su tiempo para orar por nosotras, escucharnos, orientarnos y ayudarnos en nuestra búsqueda de crecer en la fe. Pero pilas...

¡Hoy puede ser el mejor día de tu vida! Si aceptas a Jesús como tu único Señor y Salvador, crees que resucitó, te arrepientes de tus pecados y vida autosuficiente y anhelas en lo profundo de tu corazón que reine allí y dirija tus días. Nunca más estarás sola, ¡prepárate para la mejor temporada de tu vida!

Recuerda quien es tu padre: Dios

Tu fiel amigo: Jesús

Tu consuelo y guía: el Espíritu Santo

¡Eso te debe bastar!

Inspira tu vida y a otros

Una idea que te doy y es maravilloso para el corazón, es compartir con los que necesitan algo. Es común, ya por tema salud y control de gastos, que porte conmigo mi lonchera con frutas, cereales, galletas, y si alguien se me acerca a pedirme dinero o algo, prefiero regalarle alimento. Y el brillo de los ojos de esa persona, que además recibe una bendición, una sonrisa y que eso es un regalo de Jesús que le ama... es invaluable.

Despertar con un delicioso desayuno, recibir un abrazo sin palabras, que te den la cola (aventón), que te brinden un cafecito, te sonrían si metes la pata o te equivocas en algo... ¿Es genial verdad? ¿Qué esperas para hacerlo con otros?

Es así como cuando cedes el paso o el turno a alguien, cuando ayudas a recoger algo que se cayó, o si ves basura en tu camino la colocas en una papelera, hace más de lo que te imaginas. Es más fácil juzgar y criticar, pero ¡ensaya para que veas!

Me ha pasado mientras manejo que de pronto quedo atravesada, o en mi corredera empujo a alguien sin querer, sonrío con cara de apenada o lanzo un hola a esas personas que reaccionan a matarme con una amarga mirada.

Y en casa es común con el primer afectado de mis despistes cotidianos: mi paciente esposo. Nos reímos de pensar que los ángeles cuando me duermo dicen: ¡al fin descansaremos! O de cómo Dios se reirá viéndome cuando me pasan cosas increíbles.

Piensa que si alguien te ve, aspirará ese bienestar y gran ejemplo. La imitación de buenos hábitos y acciones es el mejor legado en tu hogar y a donde quiera que vayas. Puedes lograr en tu entorno, más de lo que te imaginas.

GRABA EN TU CORAZÓN - Trocitos de la Biblia

> ^{10} [L] *¿Quién podrá encontrar una esposa <u>virtuosa</u> y <u>capaz</u>?*
> *Es más <u>preciosa</u> que los rubíes.*
> ^{11} *Su marido puede <u>confiar</u> en ella,*
> *y ella le <u>enriquecerá</u> en gran manera la vida.*
> ^{12} *Esa mujer le <u>hace bien</u> y no mal,*
> <u>*todos los días*</u> *de su vida.*
> *Proverbios 31*

NADIE MÁS QUE TÚ PUEDE HACERLO - Reto del mes: *enfócate en ser virtuosa, capaz, preciosa, enriquecedora, hacer el bien y ser constante en tus propósitos. Diseña acciones y tareas que te lleven a lograrlo.*

LEE - Incluir en mi biblioteca: *"La revolución de los voluntarios" de Bill Hybels.*

ESCUCHA - LA DOBLE NOTA MUSICAL: *"Tranquilizarás" Kari Jobe / "Pasión" Jahaziel.*

ACTÍVATE-HOY ES UN BUEN DÍA PARA pensar en lo que has dejado de hacer y vivir. Colorear, arreglarte, compartir con otros, manejar bici, ir al zoológico o al cine, ir a un spa, desayunar en tu patio, cocinarte algo rico. ¡Bota, regala, renueva hábitos y actividades!

¡SÍ, ERES MARAVILLOSA!

Hay cosas en las que sin duda somos fatales y nos vemos más bonitas en la cédula o carnet de identidad. Me pasa cuando intento ser contadora o cantante. Soy optimista y me animo, y lo intento, pero que va... sálvese quien pueda.

Incluso, me animo a mí misma, y con mi súper cuaderno cuadriculado, calculadora, creyones, aplicaciones y formatos Excel me siento a organizar mis cuentas, pero pregúntenme ¿entiendo el panorama?

O cuando canto y le digo a mi esposo que es músico y productor... ¡Ey, puedes hacerme un disco! Y es que a veces me lo creo, pero él riéndose y con cara de "¿en serio?" me recuerda que no es lo mío. Aunque sé, sin duda, que a Dios sí le gusta cuando canto.

Estoy segura que en tus limitaciones y debilidades puedes esforzarte y lograr más, ¿qué tal si inviertes, y no gastas, tu tiempo mejor? Enfócate en ser: buscadora, trabajadora, planificadora, administradora.

Por motivos de salud, he repartido las tareas de mi hogar por día. Mentiría si te digo lo cumplo al pie de la letra, pero me ayuda y anima mucho. Procuro no lanzarme intensivos de Cenicienta que me dejen desvalida de una a dos jornadas. No tiene sentido semejante. Aquí te dejo un ejemplo, que puedes ajustar acorde a tu cotidianidad, necesidades y agenda. Recuerda que si vives acompañada, en equipo es más divertido y suave.

Este reto implica ser buena administradora no sólo de dinero sino también de tiempo, de recursos y de todo lo que Dios te ha dado comenzando por ti. En cuanto a mi hogar, así dividía mis tareas diarias, en el anexo donde viví por más de dos años, para cada día avanzar en algo, sin esclavitud y con la flexibilidad que mi horario y ocasiones me lo permitían.

Lunes de pañito y plumero.

Martes de orden de cuarto.

Miércoles de barrer.

Jueves de coleto-trapeador.

Viernes de mercado – cocina.

Sábados de baño.

Domingos de plantas y lavar ropa.

Así me costara o pareciera muy cuadrada, ni se imaginan como me ayudó y pude mantener en orden, limpio y bonito mi hogar. Añoraba llegar allí. Siempre me esperaba algo, y como era mi refugio, me esmeraba mucho. ¡Qué mejor manera de cultivar buenos hábitos para cuando me tocara estar casada!

No esperes vivir sola, tener tu propia casa para emprender ese reto. Comienza donde vives, en tu cuarto y demás espacios. Quienes te rodean lo aprecien o no, serás de ejemplo y bendición sin duda. Sin dejarte abusar, procura trabajar en equipo y hacer con excelencia tu parte. Al fin y al cabo, es tu hogar también.

Ya de casada y al ritmo de vida de mi esposo, su trabajo y ministerio donde también tengo el privilegio de formar parte, es difícil mantener esa dinámica, pero al haber adquirido hábitos de esa manera que lo hice, cada vez que puedo, es un paseo lograr lo que necesito y quiero para mantener mi hogar irresistible, gracias también la ayuda grandiosa de mi amado.

Y como marco financiero, por ejemplo, mi presupuesto anual divide en porcentajes mis ingresos y egresos, y cada mes incluye 1 a 3 compromisos repartidos a lo largo del año para que no sea tan pesado cubrirlo ni estresante. Ser precavidas nos evitará deudas, pleitos, malestar y desajustes económicos, ya que hay egresos fijos que nos permiten considerarlos con tiempo.

Enero: primicias (ofrenda de lo primero y lo mejor para Dios en mi iglesia) y recuperación de ahorros.

Febrero: reunir para pago de impuestos anuales.

Marzo: reunir para renovación de seguros.

Abril: apartar para exámenes médicos de control.

Mayo: apartar para citas médicas de control.

Junio: pautar presupuestos para mantenimiento del vehículo.

Julio: apartar y reunir para útiles escolares de hijos.

Agosto: ¡a espelucar todo que hay vacaciones! Procurando mejores ofertas, mientras puedas lleva lonchera en tu viaje para evitar gastos de comidas. No te vuelvas loca, que después aterrizarás en la realidad.

Septiembre: es tiempo de recuperación y de ahorro.

Octubre: ni pensarlo que espero Diciembre para mis compras navideñas. Amo dar regalos, y mi presupuesto ha llevado palo con eso. Es que me fascina ver la cara de mis seres amados y recibir ese gran abrazo, en el que sientes el latir del corazón alegre del otro. Este mes para mi es ideal para adelantar compra de detalles.

Noviembre: apartar para pagos a tiempo de fin de año.

Diciembre: es tiempo de compartir con seres amados y ofrendar aportes que sean de bendición al prójimo.

¿Bonito y práctico verdad? Arma tu propia lista. Ahora, el reto es cumplirlo y también ser flexible cuando no es posible. Desafiante es tu humor y tus emociones cada día al afrontar y entender que no somos robot, que no somos perfectas, que no somos dueñas del tiempo, y que tampoco tenemos derecho a salpicar la vida de otros porque algo no nos funcione.

Ayúdate con la organización de: cuentas bancarias, ten una alcancía, cajitas o carpetas como método de ahorro, para reunir facturas, controlar ingresos y tomar apuntes para facilitar todo. Buscar asesoría, contar con las bondades de la internet que ofrece plantillas, formatos y páginas de orientación en esto, es ideal.

Por ejemplo: de las cuentas que tengo y compartimos mi esposo y yo, una la dejé para apartar mis diezmos, otra para compras del hogar, otra para ahorrar, otra para recaudar impuestos a pagar mensual/anual, e igual con las tarjetas de crédito: una para pagos de seguros, otra para gastos del hogar y mantenimiento del vehículo, otra para recreación, procurando más bien usar el dinero recaudado para ello.

Recuerda que no toda la bibliografía o lo que encuentras en internet, se aplica a tu país o situación. Simplemente son referencias, tú toma lo que te guste y sirva, haz un esfuerzo por lograrlo y lo demás, a tu consideración apártalo y ya. Sin frustraciones, no te dejes abrumar por el ideal del mundo, sino por ¡TU ideal!

GRABA EN TU CORAZÓN - Trocitos de la Biblia

13 Ella encuentra lana y lino
y laboriosamente los hila con sus manos.
14 Es como un barco mercante
que trae su alimento de lejos.
15 Se levanta de madrugada y prepara el desayuno para su familia
y planifica las labores de sus criadas.

Proverbios 31

NADIE MÁS QUE TÚ PUEDE HACERLO - Reto del mes: ¡Nada como hacer lo que te apasione y haga feliz! ¿Realmente te gusta tu trabajo? ¿Estás frustrada porque te agobian las tareas del hogar? ¿No soportas la rutina? ¿Qué ves en el espejo? Quizás sea tu tiempo para reinventarte, generar cambios, nuevos tiempos y espacios, vencer tus miedos, confrontar tus temores, y con valentía y firmeza, tomar el rumbo de tu hoy hacia adelante.

No seas tan cuadrada, sin dejar planificar y organizar tus tareas, labores, compromisos. A veces salte de ella, o si algo no se da, repáutalo y ya. ¿El mundo dejará de girar por eso? Reordena tus prioridades e incluye sobre todo lo que te anime y saque lo mejor de ti.

De pronto, hasta ahora es tu tiempo de trabajar para otros, cumpliendo con tu aporte a los sueños de ellos, y emprender los tuyos. Párate firme cada mañana fiel a lo que hace latir tu corazón. Decídete a ser una confiable, ordenada y ejemplar administradora de tu tiempo, finanzas, agenda, trabajo y más. El gozo en tu corazón lo salpicarás y tu entorno resplandecerá como tú.

LEE - Incluir en mi biblioteca: *"La sensibilidad y el dinero"* Bethany & Scott Palmer.

ESCUCHA - LA NOTA MUSICAL: *"Mis Sueños Con Dios"*
Noemí Prado

ACTÍVATE-HOY ES UN BUEN DÍA PARA: revisar tu lista de amigas y familiares que sean sabias y te ayuden, guíen y acompañen en este especial proceso. De bendición han sido varias amigas, mi mamá, mi suegra, mi hermana, líderes de mi iglesia y hasta profesionales, con sesiones y terapias temporales, que te comprendan, apapachen y también halen orejas cuando te desvíes. ¡**Bota, regala, renueva**! Números de teléfono y gente que ni pendiente en tus redes sociales. Si, elimina esos contactos tóxicos, grises, negativos o parásitos de tu vida. Regala y comparte los que te han sido inspiradores con otros que los necesiten y renueva... cada día puedes conocer a alguien nuevo. Comienza por tus vecinos, en el bus, en el mercado, en las redes. Con mucha precaución eso sí.

¿AÚN NO TE LO CREES?

"Nuuuuuu, yo no puedo hacer eso, ni loca dejo lo otro, imposible... ¡yo me conozco!" No le des cabida a esas mentiras que rondan en tu mente y crees en tu corazón. Si quieres bajar de peso o mantenerlo, comiendo postres y dulces, obvio será dificilísimo. Sustitúyelas por frutas en la cartera / lonchera y verás. Que te lo digo yo.

¿Qué quieres olvidar a quien te hizo daño y lo ocurrido? ¿Qué haces entonces escuchando música de despecho, husmeándole el Facebook e Instagram a esa ex amiga, hablando una y otra vez de lo mismo, mal de ellos con el que se te atraviesa, viendo novelas que incitan a la venganza o compartiendo con el mismo círculo de amistades?

Es momento de sustituir: la música con tantos buenos temas que hay, compartiendo con quienes si te aman y borrando de redes a quienes ni te interesa su vida, ni que sepan de la tuya. Ideas saludables hay miles, el chiste es que te apropies de ellas y encuentres o actives lo que necesites para tu estabilidad emocional.

Medita en esto:

¿Pasas más tiempo leyendo, viendo tv, limpiando o con tus amigas?

¿Compartes tiempo a solas con tu novio/esposo seguido?

¿Tu trabajo te impide ejercitarte?

¿Tus finanzas no te permiten recrearte?

¿Descuidas tu trabajo por estar más pendiente de teléfono?

¡Algo puede andar mal y afecta todo en cadena!

¿Qué tal acostarte temprano para ejercitarte al amanecer y dormir bien?

¿Qué tal adelantar tareas durante el día y la semana y no dejar todo para última hora?

¿Y, si en lugar de salir de compras, teniendo compromisos y deudas, te tomas un respiro y descansas, lees un buen libro o das un paseo?

Requiere un poco más de ti dar un vuelco a tus días y hábitos. Mientras te enfoques en lo que quieres lograr y llegar hacer, será de gran impulso. A veces quisiera dormir o estar recostada tantito más en la mañana, sobre todo, después de una noche de ensayo o concierto acompañando a mi esposo, tiempo genial en el que me dediqué a escribir y editar este libro, aun si es un tiempo divertidamente agotador con nuestros amigos... Pero de solo pensar en el retraso de lo previsto para esa jornada o dejar de hacer algo que amo y me hace bien como orar, desayunar bien e ir a pilates... ¡Salto de la cama. Dormida, pero me levanto!

¿Qué estás dispuesta a sacrificar o cambiar? ¿Qué estás dispuesta a hacer y retomar? A arriesgarte y... Hoy comenzar a hacer esto, sin esperar un lunes o enero, es la invitación que te dejo.

Lo mejor de esto es que al sentirte bien y tener buenos resultados, alcanzarás calidad de vida y estabilidad, serás de ejemplo, querrán imitarte, serás de inspiración para tu pareja, amigos, hijos, familia, seguidores en redes sociales y compañeros de trabajo.

Y cabe aquí otra pregunta, ¿con quienes compartes, a quienes sigues en las redes sociales, que estás haciendo y mostrando en tus fotos, comentarios y comportamiento? Es tiempo dejar las quejas, agradecer quien eres y lo que tienes, cambiar, sustituir o reforzar tus costumbres.

GRABA EN TU CORAZÓN - Trocitos de la Biblia

[16] *Va a <u>inspeccionar</u> un campo y lo compra;*
con sus ganancias <u>planta</u> un viñedo.
[17] *Ella es <u>fuerte</u> y llena de <u>energía</u>*
y es muy <u>trabajadora</u>.
[18] *Se <u>asegura</u> de que sus negocios tengan ganancias;*
su lámpara está <u>encendida</u> hasta altas horas de la noche.

Proverbios 31

NADIE MÁS QUE TÚ PUEDE HACERLO - Reto del mes: Toma nota de lo que haces de lunes a lunes desde que te levantas hasta que te acuestas. ¡Cuando digo todo es todo! Mis amigas se reían de mí porque yo anotaba hasta bañarme, comer, lo obvio pues, pero es que hasta eso a veces dejamos pasar. Para que puedas evaluar el rendimiento, efectividad, rentabilidad, dedicación, frutos y eficacia del uso de tu tiempo. Esto, al ajustarlo y filtrarlo con el tema prioridades, lo que amas y sabes hacer y también lo que necesites, te arrojará impresionantes resultados. Cuando lo hice, fue más fácil ver el cuadro y entender en que gano o pierdo mi tiempo. Enfócate en ser: cuidadosa, emprendedora, proactiva, ejercitarte, sabia. No te imaginas el impacto que puedes lograr en la vida de quienes te rodean y acompañan en el camino de la vida.

LEE - Incluir en mi biblioteca: "Seamos Personas De Influencia" John C. Maxwell y Jim Dornan.

Maravillosamente Virtuosa

ESCUCHA - LA DOBLE NOTA MUSICAL: *"Correré" Hillsong /* *"No Me Soltarás" Rojo*

ACTÍVATE-HOY ES UN BUEN DÍA PARA: Revisar fotos, libros, revistas, CDs de música / películas/ juegos, páginas de internet que tienes y frecuentas. Ubícalas en un agradable y accesible lugar para el disfrute de todos. Quizás a tus niños, si tienes hijos / sobrinos, no les guste leer porque están acumulados y polvorientos en un rincón sus cuentos o libros. Una repisa colorida a su alcance, un estuche, cesta y aprovechando herramientas de organización en tu computador, hará fácil y grato el tiempo de recreación a solas, con familia y amigos. **¡Bota, regala, renueva!** Si tienes algo que no compartirías o te avergüenza, es porque debes desecharlo enseguida. Vamos, renuncia a lo que te daña.

¿DÓNDE ERES IMPRESCINDIBLE?

Nadie podrá sustituirte en tu propia vida y tu hogar, en tu familia de seguro tienes un lugar especial, pero por si no lo sabías no eres el ombligo del mundo. Y cuando ya no estés, el mundo seguirá dando vueltas.

Con esto te llevo a dos cosas: 1. Aprovecha tu tiempo en lo que amas hacer y 2. Aunque no eres imprescindible, sí puedes hacer algo que nadie más puede hacer como tú lo harías. Y es tu oportunidad para brillar e iluminar a otros cual luciérnaga en la oscuridad, solo como tú puedes lograrlo! ¡¡Es tan estúpido cuando alguien quiere opacar tu brillo!! Un saludo para quienes en mi vida lo han intentado infructuosamente.

Porque puede haber millones de periodistas, pero ninguna como yo haciendo lo que yo hago tal cual como lo vivo, en el lugar y la forma en que lo hago, porque es un deseo y ardiente anhelo que Dios puso en mi corazón para llevar a cabo.

¿Qué arde en tu corazón y es un fuego apagado y hasta en cenizas se ha convertido? Para lo que has sido creada y tienes propósito en este planeta, sin duda, incluye impactar la vida de alguien más. Piensa en lo que más te conmueve, motiva, lo que te hace rabiar, porque te gustaría fuera diferente y mejor… actívate y se parte de algo grande.

De seguro otros también sienten lo mismo y ya han creado algo para que participes, y es momento de investigar, visitar, averiguar y en lugar de quejarte, participes como voluntaria y activista a favor de los animales, visitando cárceles, hospitales, orfanatos, ancianatos, ser una ecologista, una madre que ayude a otras, una joven que inspire a otras.

En la boca de quienes aman ayudar al prójimo y ser voluntario en alguna organización o causa, no existe la palabra no tengo tiempo, que fastidio, hasta cuando, ni nada parecido. Para mí, vivir sin servir y ser posibilidad para otros no tiene sentido. Si no lo has sentido, es momento oportuno para que detectes y renuncies al egoísmo y la avaricia.

¿Cuándo mueras te llevarás algo? Qué mejor que compartir en vida lo que tienes y lo mejor: tú, como presente, como ofrenda, con tu tiempo, habilidades, experiencia, tiempo, dinero, bienes, trabajo, tu personalidad única y efervescente que inunda todo lugar con acciones hasta invisibles, pero que Dios si ve, y alguien agradece.

El pensar que puedo ser la oración a Dios respondida de alguien me cautiva y anima, de tal manera, que no me importa nada y me muevo para hacerlo posible. En más de 18 años de voluntariado en distintas fundaciones y actividades de mi entorno, he sido bendecida y he podido valorar más lo que soy, lo que tengo. Mis triunfos y logros se desvanecen porque eso sí es lo que ha llenado mi alma con un gozo indescriptible y perenne.

Aun guardo en mi memoria de pulga, caritas sonrientes por un regalo, lágrimas de paz por un abrazo, aromas de miseria que huelen a esperanza, halo de muerte que se pulveriza ante la presencia de Dios y su misericordia.

Dar gracias a Él por mi libertad, es un ejemplo. Cuando visitaba jovencitas encarceladas por cometer delitos, y sentir tras las rejas, en sitios íntimos compartidos y con las ilusiones encerradas en cuatro paredes… no podía hacer más que agradecer y valorar respirar el aire fresco, ver gente y la cotidianidad pasar fugaz y rutinaria en mi andar.

Tomar la mano de quien su alma pende de un milagro de Cristo es conmovedor. Sentir la soledad de una abuelita abandonada en un hogar para ancianos, perderme en la mirada de un niño con hambre… se me hace un nudo en la garganta recordar todos esos momentos que quedaron capturados para recordarme, en mi corazón, que la vida no es así no más, ni un destino que yo labré.

Tiene que haber algo más real, santo, puro, inmenso y poderoso detrás de todo eso, que pudo librarme de tantas cosas y yo seguir con cada suspiro alabándole por su amor y compasión conmigo. Y con la dicha de presenciar y vivir esas experiencias para no solo llorar o reír con ellos, dar de lo que tengo y lo que soy, sino para ocuparme de alguna manera a darle sentido a mis días.

Que tu vida valga la pena dependerá de ti. ¿Crees que pasar noches llorando por alguien, pegada al teléfono y las redes chismeando o esperando algo, ir y venir a tu trabajo sin nada de diversión, pelear con tus padres, criticar a tus hermanos, rogar a un tipo te mire y elija, tiene sentido para tu valioso tiempo y corazón?

Quizás no te mueva ser la segunda Madre Teresa de Calcuta, pero por Dios, reacciona y busca lo que haga latir de vedad tu corazón, que puedas sentir que si mueres hoy, puedes morir feliz porque has hecho todo lo que te ha placido, escogiendo preferiblemente lo bueno, lo agradable, lo puro, lo justo, verdadero, amable, honesto, de virtud pues.

Un spray de mi vida gitana

Lo mejor de ser fan enamorada de mi esposo es que ¡cada día es verdadera sorpresa! Lo malo... extrañar a nuestras perritas Mía, Lolalolita y Loreta, y... cuando pega el hambre y me bajé las municiones (léase merienda). Pero es un tiempo maravilloso que encontré para orar e interceder por otros. Allí donde están mis seres amados, pacientes, familias de luto, personas en abandono y pobreza, quienes están solos y tristes, si hay alguno en dificultad en cautiverio, privados de libertad, con hambre, al borde del abismo y el suicidio, quizás secuestrados o en esclavitud... allí pido a Dios llegue mi oración.

Porque es allí donde Jesús estaría, es allí donde quiero estar .Así que basta Su gracia y estar en su presencia para que el tiempo se diluya de manera incomparable... y que por más que intente encontrar palabras...no las encuentro.

Tener una lista con motivos de oración te guiará para que nadie quede fuera de la cobertura de Dios, alzando tu voz y clamor por aquellos que no tengan a nadie. Le pido a Dios les abrace, sane, restaure, fortalezca, que les alegre y muestre su amor con detalles. Una flor, una gota de lluvia, una palmadita en la espalda, peinarse con el viento, una llamada... son caricias de Dios. ¿Las percibes? Tu vida cobra sentido cuando te colocas en los zapatos de otros.

Creo que cuando estamos afanadas y abrumadas, muchas de ellas las perdemos. Y es muy triste. Porque son especialmente para cada una de nosotras. La idea es que a partir de ahora afines tus sentidos para escuchar tu corazón... si crees en Dios allí habitan Cristo y su Espíritu Santo. Así que... ¿a quién elijes oír y escuchar? ¿A quienes te rodean y no saben tu destino o a quien lo escribe?

Mi reto de ser virtuosa es un día a día. Mi anhelo es que arda en mi siempre esa fe y ánimo para lograrlo. Hay días que nos desvanecemos y no oramos igual. Pero como Dios ve mi corazón, entendí no importa lo que otros vean o sepan al respecto. Pedir por avivamiento debe incluir que personas se comprometan en amor con Cristo, para con valentía ¡asumir lo que venga!

Cuidado con lo que pides, así sea bueno. Prepárate para lo mejor. Evalúa todos los escenarios. No calcules tanto. Dios es el autor y tú un canal de bendición. ¿Te dejarás usar? De sorprendente manera puede usarte y no te va a preguntar. Simplemente tienes algo que dar y si quieres compartirlo El hará lo demás.

Me pasó, que mi motivación por servir en voluntariados me tocó invertirla en oración por sus labores y a quienes ayudan. Y aunque parezca poco o nada, significa mucho. Tanto como existe el mundo tangible, como el intangible.

Y ahondando en él, encontré mi lugar y propósito en mi nueva temporada de vida. De este modo, me deleito en lo que aprendo y puedo hacer. Combinando mis días que llamo de "gitana" acompañando a mi esposo en sus giras musicales, con lo que amo hacer, aparte que mi trabajo de comunicadora, locutora y periodista me lo permite.

GRABA EN TU CORAZÓN - Trocitos de la Biblia

[19] *Tiene sus manos <u>ocupadas</u> en el hilado,*
<u>con sus dedos</u> tuerce el hilo.
[20] *Tiende la <u>mano</u> al pobre*
y <u>abre</u> sus <u>brazos</u> al necesitado.
[21] *Cuando llega el invierno, <u>no teme</u> por su familia,*
porque <u>todos tienen</u> ropas abrigadas. [c]

Proverbios 31

NADIE MÁS QUE TÚ PUEDE HACERLO - Reto del mes:

Enfócate en ser: ocupada en labores y ayuda al prójimo, sobre todo en la familia. Toma la tarea de buscar y evaluar acorde a tus dones, disponibilidad de tiempo y lo que conmueva tu corazón, el integrarte a alguna iniciativa positiva en tu comunidad o una organización de voluntariado. Siempre hay algo que hacer, donde ayudar y ser útil. Encuentra tu lugar, se feliz mientras ayudas a otros, revisa entre tus cosas de uso diario y lo que tienes arrumado y para otros sería de bendición. Ayudar y servir al prójimo te hace crecer, te ayuda a avanzar y valorar. ¿Qué sentirías si alguien te da las gracias porque cambiaste su día? Es grandioso ser parte de una historia de vida transformada. Tú puedes ser la respuesta a la oración de alguien. En especial, de quiénes son tus más cercanos: ¡tu familia!

Mi lista de oración, incluye para darte una guía:

❖ Mi Familia

❖ Seres amados.

❖ Mi País.

❖ Mi Planeta.

❖ Gobernantes de mi nación y otras.

❖ Servidores públicos: bomberos, médicos, maestros, militares, policías, políticos, obreros, también empresarios, estudiantes, emprendedores, en fin....

❖ Voluntarios de organizaciones de mi localidad y el mundo.

❖ Misioneros que están en riesgo en cualquier parte llevando el Evangelio, quienes dejaron comodidad y todo por alcanzar almas para Cristo.

❖ Pastores, profetas, maestros, evangelistas, adoradores, intercesores, líderes y servidores de todas las iglesias del mundo, que siempre arda el Espíritu Santo en ellos y recuerden que la esencia de toda misión es el amor de Dios, y Cristo debe ser el centro.

❖ Extensión de la iglesia Cristiana con fervientes corazones que amen a Dios, sigan ejemplo de Jesucristo y dejen actuar al Espíritu Santo.

❖ Cada hogar de nuestra familia, comunidad, países.

❖ Hombres y mujeres sean transformados acorde al propósito de Dios, corazones conformes a Él.

❖ Brille su luz y misericordia en asilos, orfanatos, cárceles, clínicas, hospitales, centros para indigentes, refugiados, de rehabilitación y psiquiátricos, en cementerios, funerarias, escuelas, universidades y todo lugar, como escondites con trata de blanca, secuestrados, esclavos y cuanto perdidos, buscados y olvidados haya.

❋ Ayude a quienes padecen enfermedad y vicios, sanidad y libertad para ellos.

Pero ¿sabes que es lo más importante? SALVACIÓN, es lo primero que debemos pedir. Lo demás vendrá en la medida de fe y esfuerzo de cada cual.

LEE - Incluir en mi biblioteca: por *"El poder de la mujer que ora"* *Stormie Omartian*

ESCUCHA - DOBLE NOTA MUSICAL: *"Ayer Te Vi"* *Jesús Adrián Romero* / *"Yo Iré"* *Christine D'Clairo y Kerwin Márquez.*

ACTÍVATE-HOY ES UN BUEN DÍA PARA: hacer una lista de lo que te da impotencia no hacen bien otros y con tus ideas pudiera ser mejor. ¿Te revienta que la vecina que tiene el porche de su casa sucio todo el tiempo? Ofrécete a limpiarlo con ella. ¿Te quejas constantemente de lo que hace la junta de vecinos? Participa en las reuniones y suma esfuerzo allí. ¿En la escuela de tus hijos quedaría más bonito y seguro si colocan un jardín y barandas? Busca presupuestos, aporta ideas y se intermediaria para lograrlo. Es tu oportunidad de ser protagonista y no espectadora, quejona y fastidiosa, de paso. Sí, es fácil juzgar y opinar lo que hacen otros, pero ¿qué tal si te involucras en algo de lo que allí enumeraste? **¡De lo que Botas y regalas algo servirá para ayudar y renovar tu entorno!** Hasta a algunos harapos (pijamas, toallas, sábanas viejas y ya requeteusadas) les hago aparte y tengo mi provisión de trapitos de limpieza no necesariamente feos y malolientes. Si tienes muchos, puedes regalarlos, todos limpiamos y necesitamos de ellos.

AGOSTO

TOMA LAS RIENDAS DE TU VIDA

Es vacaciones para muchos, qué mejor manera de aprovecharlas que en ti, dejando de evadir y postergar lo más importante a acomodar y disfrutar en la vida: tú misma. Si no lo haces tú… ¿quién lo hará?

Hubo un año que por vez primera en la vida me tocó pasar vacaciones en casa. Y fue una decisión maravillosa. Pararme y acostarme a la hora que me provocara, comer con calma, mirar el atardecer, disfrutar del silencio, compartir con quienes amo estar sin compromisos, darme tiempo para meditar en mis días y no permitir se diluyeran estresada, con gastos y abrumada, fue una gran elección.

Suena bonito, imponente y rebeldón tomar las riendas de mi vida. Pero requiere valentía, humildad, responsabilidad, disciplina, compromiso, amor propio y un corazón agradecido a Dios, por la oportunidad de comenzar de cero ahora ya.

Entenderte, comprenderte y aceptarte es básico. Saber la complejidad de ser mujer, sin usarlo para avergonzar o pasar a llevar a los hombres, es fascinante. De adentro hacia afuera, descubrir o que eres en lo físico, intelectual, espiritual, en tu personalidad y lo que generas alrededor, es una travesía en la que te sentirás de lo mejor y de lo peor.

Todo con la idea de enderezar la marcha, crecer, colocar en su sitio todo, tomar conciencia de mi edad, en donde debería estar y quisiera estar.

¿No te gusta que te traten como una niñita? ¡Fácil! Compórtate como una mujer adulta. Si vives con tus padres es normal que te alinees –deberías– a las normas y dinámica del hogar y la familia. Pero si a los 30 aun con cara toñeca le pides algo a tu "papiiiiii" o "mamiiii" y tienes tu habitación colmada de peluches y móviles de cuando eras bebé ¡Socorro! No te quejes. Como te comportes, así te tratan, así te ven. No quiere decir que dejes de ser dulce, amable y te aproveches de consentideras paternales que son exquisitas. O que te pierdas el lugar central fabuloso de ser "la chiquita de la casa". Yo aun lo disfruto y me costó despojarme de esa actitud, pero lo logré para sanidad emocional de mi mamá, mis hermanos y yo. Te animo a cambiar tu habitación y tus cosas, alguna niña lo apreciará y tu crecerás por fin.

¿Te incomoda te traten como una chica fácil? ¡Fácil! Compórtate como una dama, valórate, cuida los lugares y la gente que frecuentas, mira cómo te vistes, caminas y exhibes, pon límites a tus tiempos de recibir llamadas, chatear y salir con hombres, así sean amigos nada más. Se amigable pero no tanto porque después todos te ven tan amiga y "pana" que ni te considerarían para una relación amorosa. Se femenina sin ser coqueta con el que se te atraviese. Es una cuestión de actitud, más que de relacionarte empalagosamente con cuanto hombre conozcas o acabes de conocer. Se amable y agradecida ante atenciones de caballeros, sin rechazar tales cortesías, con despotismo que espanta. "Si quieres un príncipe, compórtate como una princesa", eso lo leí alguna vez y me encantó. Muéstrate vulnerable con tu familia y amigas, no con tus amigos o compañeros hombres. Sin duda, eres presa fácil de conquistas, raticos, jugueteos y hasta mortales finales. ¡Qué dramática soy ¿verdad?! Ve programas de cable de investigación, emergencias, noticias ¡pa' que veas!

¿Te detestan como si fueras un trozo de hiel? ¡Fácil! Mira cómo puedes ser más dulce, practica al espejo como saludas, te despides, como hablas y te expresas. Pregunta a quienes te rodean y aman, que notan desagradable en ti, y prepárate para escuchar y no privarte a llorar o pelear, disponte a aprender y cambiar. Una tarea difícil que trae grata recompensa. Y debería ser algo frecuente esta evaluación, porque al mes, o en ciertas temporadas de vida, tenemos unos días, que como digo...ni yo me aguanto a mí misma. Antes era seguido, ahora esporádico, y me amo más porque preferí tomar conciencia y consejos.

¿Tu jefe / donde trabajas creen eres una máquina, y no te pagan por tu esfuerzo real? De pronto es tiempo de que te dediques a tus funciones, responsabilidades y lo que te corresponde nada más. ¿Tienes vida propia no? Entonces haz lo que tienes que hacer con excelencia y no más de la cuenta a menos que lo desees y sin quejas ni chismes lo hagas. Si tu no le das valor a tu trabajo, nadie lo hará. Sólo tú sabes cuánto tiempo invertiste en capacitarte, cuando dinero apartaste para tus estudios y libros, cuántas reuniones familiares te perdiste, cuanto gastaste en peluquería, maquillaje y ropa para lucir estupenda. Quien quiera contar con tus servicios y labores, que pague, sino, otros clientes / empleadores si estarán dispuestos a hacerlo. No te conformes, vales más, mucho más.

¿Sufres porque te ignoran y rechazan? Evalúa como te acercas a otros, con qué palabras, en qué ocasiones y con qué frecuencia. No hay nada que me choque más que me saluden con un "estás perdida". Ni encuentro palabras para escribir tal desagrado. Ten por seguro que ni hago el intento por estar cerca de alguien así, que cree que la amistad es unilateral, que depende solo de mí. O que sólo me busquen para darles la cola (aventón), o me llamen para que les apoye de gratis en algo por lo que están cobrando y, simplemente, no valoran realmente lo que pueda hacer o aportar. Me dio rabia hasta de contarles, pero sobreviví.

¿Te sientes fea, que nadie te mira e incómoda contigo misma? Por más psiquiatras, psicólogos, curas, pastores, ejercicios mentales y libros consultes, está en ti el qué hacer. Si no te gusta como luce tu cabeza, ¡córtatela! Me diría mi papá. No vale, hazte un cambio de look y aprende a cuidar tu tipo de cabello. Si no te gusta tu cuerpo come mejor, ejercítate, toma más agua, hidrata tu piel con cremas, depílate (muy importante, recuerda los vellos de los dedos de tus pies. Nada más desencantador que ese peludo detalle). Te fascina usar sandalias, arréglate los pies, que tus talones luzcan bonitos y las uñas estén aseadas y en su sitio, ayudará. En fin, hazte un escáner, lee, mira programas saludables y no pretendas ser una miss. Eres preciosa. Devela y destaca lo que te hace sentir espectacular y aprende a vivir con lo demás, guardadito, tapadito, con discreción y ya. Como dice mi hermana, si no quieres te miren la panza y la maletera que tienes, maquíllate bellísimo y ponte unos bonitos tacones.

GRABA EN TU CORAZÓN - Trocitos de la Biblia

²² Ella <u>hace</u> sus propias colchas.
Se <u>viste</u> con túnicas de lino de alta calidad y vestiduras de color púrpura.
²³ <u>Su esposo es bien conocido</u> en las puertas de la ciudad,

donde <u>se sienta junto con los otros líderes</u> del pueblo.
²⁴ <u>Confecciona</u> vestimentas de lino con cintos
y fajas para <u>vender</u> a los comerciantes.

²⁵ <u>Está vestida de fortaleza</u> y <u>dignidad</u>,
y se <u>ríe</u> <u>sin temor</u> al futuro.
²⁶ Cuando <u>habla</u>, <u>sus palabras</u> son <u>sabias</u>,
y <u>da órdenes</u> con <u>bondad</u>.
Proverbios 31

NADIE MÁS QUE TÚ PUEDE HACERLO - Reto del mes:

Enfócate el cuidado e imagen personal, del hogar y entornos, estés en el estado civil que estés, decide ser feliz. Una visita a la peluquería, una manicure y pedicure, un refrescamiento facial, ejercitarte, renovar tu clóset, tus carteras, calzado y ropa interior será un gran paso, de muchos que vendrán solitos. Emprende eso que te anima y sabes hacer perfectamente, aparte que te ocupará saludablemente, te mantendrá activa, hasta puede generarte unos interesantes ingresos. Dale nombre, marca, valor y potencia a tu sueño, es tiempo de materializarlo. Y debes comenzar por ti. ¿Cómo? Pide al Espíritu Santo de Dios Su guía, asesórate, lee, sal a la calle, averigua, comenta a tus amigas y familia que aprecie lo que quieres lograr y móntate en ese cohete a la luna.

LEE - Incluir en mi biblioteca: *"La Dicha De Ser Mujer" Ingrid Trobich*

ESCUCHA-LA DOBLE NOTA MUSICAL: *"Preciosa Mía" Su Presencia / "Se Siente Bien" Pacto de Gracia*

ACTÍVATE -HOY ES UN BUEN DÍA PARA: revisar, limpiar y ordenar tu despensa, closet, depósito, maletera del carro, lo que tengas guardadísimo. ¡Cuánta cosa sucia, rota, vencida, fuera de moda y lugar! Mensual es algo que procuro y no todo a la vez. Etiquetas, envases y espacios específicos a dejar de subutilizar, es algo a lo que te invito a prestar atención. ¡Ah! Y no olvides despegar las calcomanías de Minnie o Barbie de la puerta de tu cuarto. Te aviso: Ya eres una grande. ¡**Bota, regala, renueva!**

SEPTIEMBRE

¿TU PRESENCIA ES ENTRAÑABLE?

Ser una buena anfitriona es algo que aprendí en casa y reforcé a lo largo de mi vida escolar y autodidacta. No hay nada más rico que cuando llegues a un lugar te reciban con los brazos abiertos, manos extendidas, con una sonrisa, una mirada amable, un gesto y saludo cortés.

¿Cómo te ves de anfitriona donde quiera que estés? Echáaaaaa en una silla, comiendo desconsideradamente, ignorando a quienes te rodean, como si estuviera el mundo a tus pies, es un halago para otros verte, ¿una dicha para los demás haberte visto? 01 en la boleta tienes, te cuento. Pero tranquila, hoy puedes empezar a aprender y a dedicar tiempo para entrenarte en esto. Comienza en casa, donde estudies y trabajes, cuando hagas mercado, estés en una parada, o manejando.

¡Se siente tan exquisito ser amable! Como otros reaccionan es magnífico. Lo que puedes generar…inimaginable. Atrévete a experimentar eso: saluda con una sonrisa, agradece, pide por favor las cosas, cede el paso cuando camines o manejes, cede tu puesto a un adulto mayor o una embarazada, hazle una broma simpática a alguien que amas, lleva un chocolate a quien te preste un servicio. En fin, pasaría horas dándote ideas.

Y como toda comienza en casa... ¿cómo esta todo por allá? Toc toc... ¿hay alguien en casa? Quizás estés en el bando de quienes amamos jugar a la casita o, no te culpo, si tu día a día en la calle es más feliz. Y como todo extremo es fatal, busca el equilibrio preguntándote ¿qué te motivaría a darle calor a tu hogar?

¿Te sientes cómoda encerrada y ni te dedicas tiempo a ti? Y por otra parte, ¿qué te impide estar más en casa, que es más irresistible afuera? Cuando tenemos familia, hay que tener cuidado y aprovechar cada minuto para impactar positivamente cada vida y protegerlos. Después... será tarde y ojalá que no, pero generalmente lamentable.

Disfruto mucho hacer de mi hogar un cálido y acogedor refugio para mi amado y para mí, aun cuando sea un igloo porque él ama el frío. A Dios gracias tengo un soleado patio donde agarrar calor como una tortuga, mientras desayuno, leo o escucho música. Y eso no quiere decir que no tenga vida social o vaya a ser codependiente de mi esposo.

Ciertamente las prioridades y relaciones cambian al estar recién casada, pero no por eso, pasarás de una burbuja a otra. Amo compartir y reír con mis amigas, y aunque tenemos etapas de vida diferentes, nada nos impide pasar tiempo juntas.

¡Hágase extrañar mamita y ame cada vez que pueda amar!

GRABA EN TU CORAZÓN - Trocitos de la Biblia:
²⁷ Está atenta a todo lo que ocurre en su hogar,
y no sufre las consecuencias de la pereza.
²⁸ Sus hijos se levantan y la bendicen.
Su marido la alaba:
²⁹ «Hay muchas mujeres virtuosas y capaces en el mundo,
¡pero tú las superas a todas!».
Proverbios 31.

NADIE MÁS QUE TÚ PUEDE HACERLO - Reto del
mes: se atenta, precavida, diligente en cualquier rol de mujer en el que puedas brillar, lo disfrutarás más de lo que imaginas. Y si crees

en Dios, pintarás una sonrisa en su rostro, agradando su dulce corazón.

LEE - Incluir en mi biblioteca: *"Dama en espera" Debby Jones y Jackie Kendall.*

ESCUCHA - LA DOBLE NOTA MUSICAL: Álbumes *"Dulce Hogar" Marcos Brunet* / *"Ilumina" Marco Barrientos*

ACTÍVATE-HOY ES UN BUEN DÍA PARA: haz una lista de lo que anhelas regalarte, comprarte y lo que realmente necesitas a modo de prioridad. Si esperas tener dinero y tiempo para hacerlo nunca lo harás. ¿Qué te dice que si? Seguirás postergándolo. Desde que empecé a trabajar a mis 15, empecé a comprarme mes a mes, lo que me gustaba para cuando tuviera mi propio apartamento. Sola o casada, no dependía de mi estado civil el disfrutar el adquirir algo con mi propio dinero, obtenido de mi esfuerzo y que por oferta, oportunidad, disponibilidad podía comprarlo. Así, cuando me mudé a vivir sola me tocó comprar "periquitos" para el diario en mi cocina y aun de casada, aparte de los regalos que siempre he ido recibiendo- gracias a todos, saben quienes son- me queda mucho por estrenar, lo cual es fabuloso.

OCTUBRE

¡A CELEBRAR!

¡Ya no eres la misma del año pasado. ¡Qué éxito! Revive tus bendiciones, aprende de las lecciones. Enfócate en revisar tus apuntes y prepararte para una nueva ronda, un nuevo año de esfuerzos que comienzan ya. Cada día valientemente estás superando el reto… Superaste el reto.

¡Ya eres maravillosamente virtuosa! Quizás no, es imposible, pero no inalcanzable lograrlo. Así que no te desanimes. Vuelve a empezar. Resplandece mujer esplendorosa. Cuánto me ha ayudado repasar y repasar mis propias líneas editando, creando, sumando páginas, y es que esto lo hice con ese propósito también. Un recordatorio de algo que me ayudó y sigue siendo de sustento a mis días, con la gracia y misericordia de Dios, infaltable para avanzar.

Porque Dios así te diseñó, estás llamada a cumplir un propósito, has ganado en cada etapa conocerte, descubrirte, compartir, crecer, superarte, esforzarte, sufrir, desanimarte, volver a animarte y eso te ha hecho mejor. No eres la misma mujer que comenzó a leer este libro. Yo no soy la misma desde que decidí hacer algo que cambiara mis días, y sólo imaginarme que te pueda ayudar al tener este libro en tus manos, me hace sonreír.

Asume el reto con valentía de continuar en este crecimiento y de lo que has aprendido compártelo con otras chicas, regálales tu experiencia, testimonio y hasta un libro para que ellas mismas lo descubran. Te lo agradecerán.

Cuando todo se acaba... Mira todo lo que comienza

¿Has visto en la orilla del mar con el vaivén de las olas, cómo el agua se retrae y con fuerza avanza más? ¡Siéntete la espuma efervescente cuando sientas desmayar! Es cuestión de actitud y decisión diaria con cuál opción te quedas ante tu cotidianidad. ¿Qué traes, de qué hablas, qué maquinas, con qué te despiertas, qué se cuela en tu almohada cada noche?

¿Te has topado con personas que ni quieres volver a encontrarte porque te cargan de pesimismo y quejas siempre? ¡Uy, si eres una de ellas! A veces tenemos un mal día, pero pilas de no hacer de esto un hábito. Alguna vez aprendí que cuidara la impresión y última palabra, gesto o detalle que compartiera con quienes me topo día a día.

Una disculpa, una palabra comprensiva, un abrazo, una sonrisa, una notita... Que tu estela sea agradable perfume por doquier. Por cierto...usa lo suficiente como para oler rico y no ser una fumigadora ambulante.

A la tristeza, el despecho, el dolor... ¡hay que ponerle límites! ¿En qué tema estás pegada y eres recurrente? Dios es bueno y quiere hacerte resplandecer. Déjate guiar y querer cuando sugerencias lleguen a tu vida para ser mejor. Y prepárate porque así como el mar retrocede y no queda más que arena... Regresa con ímpetu, trae caracoles... también desperdicios.

¿Cómo te ves? Como la seca arena solitaria. Los restos de la mar. O como la espuma efervescente que arrasa y va a la delantera, arriba, con fuerza. Mira tu horizonte y deléitate en el proceso... El sol, las nubes, el cielo están siempre allí, también tus bendiciones reservadas solo para ti.

¡Activa tu resiliencia!

¿Te has sentido como una más en la vida de alguien?

¿Qué tal una empleada más?

¿Pensaste que eras más importante para alguien que amas y no es así?

¿Un número más como paciente o usuaria de servicio?

¿Una amiga del montón?

¡Bienvenida al mundo real! Quizás seas de las últimas que se enteren... O abusen de tu nobleza y por interés te traten ¿Pero sabes? ¡Para Dios sí eres única, especial y te ama tal cual eres! Él ve tu corazón y valora lo que nadie ve. Porque El te creó... Y de ti depende ser la mejor versión de ti o anclarte en lo que digan o piensen de ti.

Cuando nuestras expectativas las colocamos en las personas...ten por seguro que tu vulnerabilidad se verá afectada más de la cuenta hasta enfermarte o deprimirte. Así que ante cualquier sorpresa de este tipo...te encontrarás firme y lista para que te resbale, te sacudas y sigas con el ímpetu de la alegría del viento...

Cuando estas aferrada a Dios, El único fiel amigo y Padre que no falla todo es distinto. Es mejor pasar por optimista y buena gente y con la mejor actitud armarte de valor para disfrutar de tus bendiciones y con claridad ver el panorama, con lupa positiva, que quedarte en tu fosa aislada al son de ¡Ay, como sufro!

¡A batir el champú chicas… Hoy es un gran día para ser tú misma, tu porrista! Y, si ya terminaste este reto... vuelve a comenzar. Es una aventura que jamás terminará y puedes hacerla fascinante. Escribe tu propia historia y reto.

GRABA EN TU CORAZÓN - Trocitos de la Biblia:

[30] El encanto es engañoso, y <u>la belleza no perdura,</u>
pero <u>la mujer que teme al SEÑOR será sumamente alabada.</u>
[31] <u>Recompénsenla</u> por todo lo que ha hecho.
Que sus obras <u>declaren</u> en <u>público</u> su alabanza.
Proverbios 31

NADIE MÁS QUE TÚ PUEDE HACERLO - Reto del

mes: *acciones y tareas que te lleven a lograrlo. Haz una lista de lo que siente y sabes que te hace daño en tu mente y tu corazón y diseña acciones, labores, búsquedas de asesoría que te ayuden a cambiar. Y suma otra... con lo que sabes que has mejorado y cambiado, que te dicen los demás ¡wow, estás diferente! ¿Qué hiciste?*

LEE - Incluir en mi biblioteca: la Biblia, la mejor guía para una vida mejor, es viva, es real e incluye todo lo que necesitas. Te recomiendo las versiones Nueva Traducción Viviente o Nueva Versión Internacional, por su lenguaje sencillo y más comprensible, con traducciones actualizadas para los hispanoparlantes. Hay aplicaciones para descargarla en tu ipad, computador, celular y tablet, en audio, con imágenes y texto.

ESCUCHA-LA DOBLE NOTA MUSICAL: "Padre Nuestro" Christine D Clairo / "God's Great Dance Floor" Passion - feat. Chris Tomlin

ACTÍVATE-HOY ES UN BUEN DÍA PARA: amarte, aceptarte, sonreírte, mirarte, cuidarte y mimarte. Eres una preciosa creación de Dios. Tus ojos y sonrisa son estrellas en la tierra. No permitas que se nublen, no prives a otros de tu belleza, deja que llenen de esplendor a su paso. Incluso si estás sola... disfruta ese tiempo contigo. Baila, canta, come, salta, duerme, regálate una súper ducha y tiempo de belleza. Si tienes a Jesús en tu corazón, jamás estarás sola, lo vivo y desde que lo entendí, encontré la verdadera felicidad. Búscalo a Él y haz de tu vida con Cristo un estilo de vida sin religiosidad sino relacional, íntimo, divertido y enriquecedor. ¡**Bota, regala, renueva!** Lo que en este tiempo te sirva o no.

DESAFÍOS EN UNA PALABRA

En varios diccionario electrónicos busqué significado de palabras claves en este reto Maravillosamente Virtuosa, y con interpretación y combinación personal te dejo estas referencias. Gracias a Internet y páginas como www.wikipedia.com www.wordreference.com, entre otras:

Administrar: Gobernar. Ejercer la autoridad. Dirigir. Ordenar. Disponer. Organizar. Desempeñar o ejercer un cargo, oficio o dignidad. Suministrar. Proporcionar o distribuir algo.

Alabada: Elogiada y celebrada.

Agradecida: Siente gratitud.

Alegre: Ocasiona y expresa alegría. Regocijo.

Amable: Digno de ser amado. Afable, complaciente, afectuoso.

Apasionada: La pasión es la inclinación o preferencia muy vivas de alguien a otra persona.

Arreglada: Acicalada y ordenada.

Atenta: Enfocada. Cortés. Comedida.

Autoridad: Potestad, facultad, legitimidad.

Ayudar: Prestar cooperación. Auxiliar, socorrer. Hacer un esfuerzo, poner los medios para el logro de algo.

Bendecida: Alabada, engrandecida, ensalzada. Próspera, colmada de bienes.

Bien: Utilidad, beneficio.

Bondadosa: Lleno de bondad, de genio apacible. Cualidad de bueno. Natural inclinación a hacer el bien.

Cariñosa: Afectuosa. Expresiva, viva. Amorosa.

Capaz: Apto, con talento o cualidades para algo.

Cocinar: Guisar, aderezar los alimentos.

Compasiva: Que se mueve a la acción con compasión ante quienes sufren o padecen desgracia. A diferencia de la lástima que genera una momentánea conmiseración por el otro o algo, la compasión activa lo que puede hacerse por el prójimo.

Confiable: Una persona o de una cosa: En la que se puede confiar.

Confiada: Satisfecha de sí misma.

Constante: Persistente, durable. La constancia es la Firmeza y perseverancia del ánimo en las resoluciones y en los propósitos.

Cuidadosa: Solícita y diligente en ejecutar con exactitud algo. Atenta, vigilante.

Dedicación: Acción y efecto de dedicarse intensamente a una profesión o trabajo.

Destacada: Notoria, relevante, notable.

Digna: Merecedora de algo. Que tiene dignidad o se comporta con ella. Cargo o empleo honorífico y de autoridad.

Diligente: alguien que con mucho esmero, eficiencia, prontitud, interés, eficacia realiza algo.

Ejemplar: Que da buen ejemplo y, como tal, es digno de ser propuesto como modelo.

Enérgica: Tiene energía. Eficacia, poder, virtud para obrar.

Emprendedora: Que emprende con resolución acciones dificultosas o azarosas.

Estratégica: Que posee el arte de la estrategia. Arte, traza para dirigir un asunto.

Evaluar: Señalar el valor de algo. Estimar, apreciar, calcular el valor de algo.

Excelencia: Superior calidad o bondad que hace digno de singular aprecio y estimación algo. Tratamiento de respeto y cortesía que se da a algunas personas por su dignidad o empleo.

Exitosa: Que tiene buena aceptación.

Fiel: Que guarda fe, o es constante en sus afectos, en el cumplimiento de sus obligaciones y no defrauda la confianza depositada en él.

Fuerte: Que tiene gran resistencia. De carácter firme, animoso. Que goza de buena salud.

Generosa: Dadivosa. Que obra con magnanimidad y nobleza de ánimo.

Guerrera: Que tiene genio marcial y guerrea: Resistir, rebatir o contradecir.

Hogareña: Amante del hogar y de la vida de familia.

Honesta: Decente o decorosa. Recatada, pudorosa. Razonable, justa. Probo-honradez, recta, honrada.

Honrada: Que procede con honradez. Rectitud de ánimo, integridad en el obrar.

Humilde: Virtud que consiste en el conocimiento de las propias limitaciones y debilidades y en obrar de acuerdo con este conocimiento. Sumisión, rendimiento.

Ingeniosa: Que tiene ingenio. Intuición, entendimiento, facultades poéticas y creadoras.

Integridad: Constituir un todo. Completa.

Invertir: Emplear una cantidad de dinero en un proyecto o negocio para conseguir ganancias.

Leal: Que guarda a alguien o algo la debida fidelidad. Fidedigno, verídico y fiel, en el trato o en el desempeño de un oficio o cargo.

Liderar: Dirigir o estar a la cabeza de algo.

Madurez: Buen juicio o prudencia, sensatez.

Madrugadora: Viva, astuta.

Motiva: Que mueve o tiene eficacia o virtud para mover. Disponer del ánimo de alguien para que proceda de un determinado modo.

Noble: Ilustre, generoso. Honroso, estimable.

Ocupada: Gozar un empleo, dignidad, mayorazgo. Tomar posesión o apoderarse de algo. Dar que hacer o en qué trabajar, especialmente en un oficio o arte.

Ora: Ruega, pide, suplica.

Organizada: Organizar es Establecer o reformar algo para lograr un fin, coordinando las personas y los medios adecuados. Poner algo en orden. Hacer, producir algo.

Paciente: Que tiene paciencia. Facultad de saber esperar cuando algo se desea mucho. Capacidad de padecer o soportar algo sin alterarse.

Pacificadora: Establecer la paz donde había guerra o discordia. Reconciliar a quienes están opuestos o discordes.

Perdona: Remitir la deuda, ofensa, falta, delito u otra cosa.

Perseverante: Persevera quien dura permanentemente o por largo tiempo. Mantenerse constante en la prosecución de lo comenzado, en una actitud o en una opinión.

Piadosa: Benigna, blanda, misericordiosa, que se inclina a la piedad y conmiseración.

Planificadora: Planificar es hacer plan o proyecto de una acción.

Precavida: Sagaz, cauta, que sabe precaver los riesgos.

Preciosa: Excelente, exquisita, primorosa y digna de estimación y aprecio. De mucho valor o de elevado coste.

Proactiva: Activa es quien obra o tiene virtud de obrar. Diligente y eficaz.

Protectora: Que protege, ampara, favorece, defiende.

Próspera: Alguien que mejora, avanza, tiene aceptación o éxito.

Pública: Hacer patente y manifiesto al público algo.

Prudente: Que tiene prudencia y actúa con moderación y cautela.

Recta: Justa. Integra. De fe. Imparcial. De bien.

Recompensada: Premiada. Compensada. Remunerada. Galardonada.

Respetuosa: Enaltecida. Venerada. Honrada. Estimada. Apreciada.

Sabia: Que posee y actúa con sabiduría. Culta. Considerada. Prudente. Carácter. Inteligente.

Santa: De especial virtud y ejemplo. Consagrada. Apartada.

Sensata: Prudente. Cuerda. De buen juicio. Equilibrada. Madura.

Sensible: Impresionable. Sensitiva. Distingue y percibe fácilmente los sentimientos.

Servicial: Que sirve con cuidado, diligencia y obsequio. Pronta a complacer y servir a otros. Atenta.

Soluciona: Resuelve. Halla solución. Determina. Ajusta. Arregla.

Sumisa: Obediente. Rendida. Dócil.

Temerosa: Miedosa. Recelosa. Desconfiada. De Dios… adquiere otro significado, que implica reconocer a Cristo como único Señor y Salvador personal, obedecerle, honrar a Dios, Su palabra, tu hogar / esposo / hijos.

Trabajadora: Dedicada. Laboriosa. Esforzada. Productiva.

Tolerante: Respetuosa. Resistente. Paciente. Condescendiente.

Valiente: Esforzada. De valor. Determinada. Osada. Resuelta.

Virtuosa: Quien practica la virtud, con disposición constante para ser pura, íntegra e incorruptible.

Virtud: Integridad. Excelencia. Plenitud. Cualidad que ayuda a conseguir el bien. Hábito operativo bueno.

ORACIONES Y FUGAZ PASEO POR LA BIBLIA

ORACIONES Y FUGAZ PASEO POR LA BIBLIA

Apacigua tu alma, renueva tu mente y encamínate a la luz de la verdad, hacia la sabiduría que encontrarás en la misma Biblia. De ahí habla con Dios y crea tu propia oración cotidiana y espontánea, esto es ORAR.

Lo que te comparto a continuación, me ayudó en mis primeros pasos como mujer de fe. Mi mejor ejemplo es Jesús. Estudiar y buscar en la Palabra de Dios qué hacía, cómo reaccionaba, cómo y cuándo oraba, qué pensaba y cómo lo veían los demás, es mi manual de oración y comportamiento.

Quizás pueda ayudarte esto que Él mismo clamaba, lo que sus discípulos profesaban y las promesas que verás, si cumples y lees antes de ellas, las condiciones o mandamientos para contar con esas bendiciones.

La obediencia trae bendición.

Si eres rebelde como yo lo era, y en mi esencia así soy pero ahora consciente y con motivos distintos, se cuánto cuesta, y agradezco a

Dios me ayudó a no desgastarme más en mis propias fuerzas, para depender mejor de Él. No esperes tener cambios o un entorno distinto, si no estás dispuesta a hacer las cosas diferente.

Hoy es un gran día para alimentarte con el pan de vida y lo que saciará tu sed. Un gran día debe ser cada jornada para buscar esa paz y llenarte de la valentía para afrontar este mundo.

Por perdón: II Samuel 4:4 y 9:1-7 *"Dios quiere que cumpla mis promesas"* Nehemías 9:17 *"Dios es perdonador y bueno"* Salmo 51:2 *"Dios puede limpiarme de mi pecado"*. Jonás 2 *"En mi angustia clamé al Señor y él me respondió"*. Romanos 5:8 *"Pero Dios demuestra su amor por nosotros en esto: en que cuando todavía éramos pecadores, Cristo murió por nosotros"*. Colosenses 2:13 *"Dios perdonó todos mis pecados"*; 3:13 *"Así como el Señor los perdonó, perdonen también ustedes"*. II Timoteo 3:5 *"El nos salvó, no por nuestras propias obras de justicia sino por su misericordia"*. Hebreos 8:12 *"Jesús perdonó mis pecados y ha decidido no acordarse nunca más de ellos"*. En los capítulos 9 y 10 de Hebreos, verás el precioso regalo que Cristo nos dejó en la cruz, donde su vida ofrendada en amor, su muerte, ida al cielo y el tema de los sacrificios y ofrendas aparecen descritos.

De arrepentimiento Números 32:23 *"Y pueden estar seguros de que no escaparán de su pecado"* I Samuel 15:22 *El obedecer vale más que el sacrificio"*. Isaías 30:15 *"En el arrepentimiento y la calma está su salvación, en la serenidad y la confianza está su fuerza"*. 43:25 *"Yo soy el que por amor a mí mismo borra tus trasgresiones y no se acuerda más de tus pecados"*. Joel 2 *"Exhortación al arrepentimiento… Vuélvanse al Señor su Dios, porque él es bondadoso y compasivo, lento para la ira y lleno de amor, cambia de parecer y no castiga…"*. Juan 5:24 *"El que oye mi palabra y cree al que me envió, tiene vida eterna y no será juzgado, sino que ha pasado de la muerte a la vida eterna"*. En Colosenses 2:6 conocerás la Libertad en Cristo, y, en el capítulo 3 cómo* *llevar una vida santa.* I Timoteo 2:5 *"Porque hay un solo Dios y un solo mediador entre Dios y los hombres, Jesucristo".* *Si has rechazado a Dios alguna vez, lee* Hebreos 12:14. I Juan 1:19 *"Si confieso mis pecados, Dios perdonará mis pecados; y la sangre de Jesús me limpiará".* Apocalipsis 3:20 *"He aquí, yo estoy a la puerta y llamo; si alguno oye mi voz y abre la puerta, entraré a él, y cenaré con él, y él conmigo".*

Acción de gracias: Jueces 5:3 *"Yo cantaré, cantaré al Señor; tocaré música al Señor".* Salmos 11 *"Canto salmos al Señor. ¡El Señor ha sido bueno conmigo"* Salmo 77:12 *"Meditaré en todas tus proezas; evocaré tus obras poderosas"* Salmo 92:1 *"Es bueno alabar al Señor"* Salmo 118:24 *"Este es el día en que el Señor actuó; regocijémonos y alegrémonos en Él"* Jeremías 33:1 *"Den gracias al Señor Todopoderoso, porque el Señor es bueno, porque su amor es eterno".* Apocalipsis 1:5 *"Jesús me ama y por su sangre me ha librado de mis pecados".*

Para renovar tus pensamientos, acciones y palabras Salmo 119:11 *"En mi corazón atesoro tus dichos para no pecar contra ti"* Salmo 119:66 *"Los mandamientos de Dios expresan bondad y sabiduría"* Isaías 40:31 *"Los que confían en el Señor renovarán sus fuerzas; volarán como las águilas: correrán y no se fatigarán, caminaran y no se cansarán".* Oseas 14:9 *"Ciertamente son rectos los caminos del Señor: en ellos caminan los justos, mientras que allí tropiezan los rebeldes".*

Antes de dormir: Salmo 43:5 *"¿Por qué voy a inquietarme? ¿Por qué me voy a angustiar? En Dios pondré mi esperanza, y todavía lo alabaré. ¡Él es mi Salvador y mi Dios!* Juan 3:16 *"Porque tanto amó Dios al mundo, que dio a su Hijo unigénito, para que todo el que cree en él no se pierda, sino que tenga vida eterna".* Santiago 4:8 *"Si me acerco a Dios, él se acerca a mí".* Santiago 4:13 *"Alarde sobre el mañana".*

Al despertar: I Crónicas 17:8 *"Dios me conoce por dentro y por fuera. Creo que me acompaña a dondequiera que voy".* II Crónicas 27:6 *"Jotán llegó a ser poderoso porque se propuso obedecer al Señor su Dios"* Salmo 39:7 *"Mi esperanza he puesto en Dios"* Salmo 143:8 *"Por la mañana hazme saber de tu gran amor, porque en ti he puesto mi confianza".* Juan 12:26 *"Quien quiera servirme debe seguirme".* Ten siempre presente a lo que nos invita I Pedro 4: *Vivir el ejemplo de Cristo.*

Por protección: Levítico 5:2-3. *"Dios me protege…"* Génesis 26:24 *"No temas que yo estoy contigo"* Salmo 27:1 *"El Señor es mi luz y mi salvación: ¿a quién temeré?* Daniel 10:19 *"La paz sea contigo! Cobra animo, no tengas miedo!* Juan 11:25 *"Yo soy la resurrección y la vida. El que cree en mí vivirá, aunque muera; y todo el que vive y cree en mí no morirá jamás".* Lee en Efesios 6:10 *"La armadura de Dios".* La sangre de Cristo rescata, santifica y protege, Hebreos 9:11 *lo describe.*

Por tu salud: Éxodo 23:25. *"Adora al Señor tu Dios, y él bendecirá tu pan y tu agua. Yo apartaré de ustedes toda enfermedad".* Zacarías 4:6 *"No será por la fuerza ni por ningún poder, sino por mi Espíritu, dice el Señor Todopoderoso".* I Corintios 6:19 *"¿Acaso no saben que su cuerpo es templo del Espíritu Santo, quien está en ustedes y al que han recibido de parte de Dios? Ustedes no son sus propios dueños; fueron comprados por un precio. Por tanto, honren con su cuero a Dios".* Santiago 5:13 *La oración de fe.*

Por tu familia: Josué 24:15. *"Por mi parte, mi familia y yo serviremos al Señor"* Salmo 52:8 *"Yo confío en el gran amor de Dios"* Salmo 67:1 *"Dios nos tenga compasión y nos bendiga; Dios haga resplandecer su rostro sobre nosotros".* **Malaquías 2:10** *"Nos creó un solo Dios".* Lucas 11:9 *"Pidan, y se les dará; busquen, y encontrarán; llamen, y se les abrirá la puerta".* Juan 13:34 *"Este mandamiento nuevo les doy: que se amen los unos a los otros.*

Así como yo los he amado, también ustedes deben amarse los unos a los otros". Dios disciplina a sus hijos. Padres, Él es el gran ejemplo, tomen dato en Hebreos 12. Cuidado con el favoritismo, mira Santiago 2. *Sométanse a Dios,* un principio vital para que puedas liderar tu vida, tu hogar, tu familia y todo lo demás: Santiago 4. I Juan 4:7 *"Queridos hermanos, amémonos los unos a los otros, porque el amor viene de Dios, y todo el que ama ha nacido de él y lo conoce. El que no ama no conoce a Dios, porque Dios es amor".*

Por quienes están en necesidad: II Crónicas 16:9 *"El Señor recorre con su mirada toda la tierra, y está listo para ayudar a quienes le son fieles".* Juan 1:17 *"Dios da su gracia y su verdad a todos por medio de Jesucristo".* Hechos 20:35 *"Es mejor dar que recibir".* I Corintios 10:24 *"Que nadie busque sus propios intereses sino los del prójimo".* II Tesalonicenses 2:16 *"Que nuestro Señor Jesucristo mismo… los anime y les fortalezca el corazón, para que tanto en palabra como en obra hagan todo lo que sea bueno".* Hebreos 13:2 *"No se olviden de practicar la hospitalidad, pues gracias a ella, algunos, sin saberlo, hospedaron ángeles".* 2 Juan 1:6 *"En esto consiste el amor, que pongamos en práctica sus mandamientos. Y éste es el mandamiento: que vivan en este amor".*

En aflicción: Job 1:21 *"Desnudo salí del vientre de mi madre, y desnudo he de partir. El Señor ha dado; el Señor ha quitado. ¡Bendito sea el nombre del Señor!"* Salmo 46:1 *"Dios es nuestro amparo y nuestra fortaleza, nuestra ayuda segura en momentos de angustia".* Romanos 10:9 *"Si confiesas con tu boca que Jesús es el Señor, y crees en tu corazón que Dios lo levantó de entre los muertos, serás salvo".* I Tesalonicenses 4:17 *"Estaré con el Señor para siempre".* Santiago 5 habla a los afligidos en medio de las pruebas, ¿qué hacer? I Pedro 3:8 habla sobre *Sufrir por hacer el bien,* no dejes de leerlo, quizás te ayude a entender tu proceso.

De ánimo: I Samuel 1:27 *"Dios contesta mis oraciones".* 2:1 *"Mi corazón se alegra en el Señor, en él radica mi poder"* Esdras 7:28 *"Porque Dios estaba conmigo, cobré ánimo"* Isaías 30:15 *"En el arrepentimiento y la calma esta su salvación, en la serenidad y la confianza esta su fuerza".* I Corintios 15:58 *"Manténganse firmes e inconmovibles, progresando siempre en la obra del Señor".* I Tesalonicenses 4:13 *"La venida del Señor…los muertos en Cristo resucitarán primero…".* La fe tiene un capítulo entero en Hebreros 11. Preciosas líneas, promesas y mandatos compartió Santiago con el hermano de Jesús, dedicado a todos los Cristianos". 2 Pedro 3:9 *"El Señor no tarda en cumplir su promesa, según entienden algunos la tardanza. Más bien, él tiene paciencia con ustedes, porque no quiere que nadie perezca sino que todos se arrepientan".* Apocalipsis 22:12 *"¡Jesús viene pronto!*

Para afianzar tu identidad y fe: Salmo 119:160 *"Toda palabra de Dios es verdadera"* Salmo 136:1 *"El amor de Dios es eterno".* Jonás 2: 8 *"Los que siguen a ídolos vanos abandonan el amor de Dios… la salvación viene del Señor".* Mateo 7:7 *"Pidan, y se les dará; busquen, y encontrarán; llamen, y se le abrirá".* 22:37 *"Dios es mi Señor y lo amo con todo mi corazón".* Marcos 12:30 *"El Señor me manda a amarlo con todo mi ser, y me manda a amar a mi prójimo como a mí mismo. Estos son los mandamientos más importantes".* Lucas 7:50 *"Tu fe te ha salvado… vete en paz".*

Ante vicios: Nehemías 4:14 *"Acuérdense del Señor, que es grande y temible"* Salmo 55:16 *"Pero yo clamaré a Dios, y el Señor me salvará".* Isaías 5:20 *"Ay de los que llaman a lo malo bueno y a lo bueno malo, que tienen las tinieblas por luz y la luz por las tinieblas, que tienen lo amargo por lo dulce y lo dulce por amargo!"* Miqueas 2:1 *"Ay de los que solo piensan en el mal, y aun acostados hacen planes malvados".* Mateo 12:35 *"El que es bueno, de la bondad que atesora en el corazón saca el bien, pero el que es malo, de su maldad saca el mal".* Romanos 8: 38 *"Nada podrá apartarnos del amor de Dios".* Hebreos 4:13 *"Ninguna cosa creada escapa a la vista de Dios. Todo está al* *descubierto, expuesto a los ojos de aquel a quien hemos de rendir cuentas".* La pereza no ayuda en nada, mira lo que dice al respecto Hebreos 6. *"Porque Dios no puede ser tentado por el mal, ni tampoco tienta él a nadie"* Santiago 1:13. 3 Juan 11 *"No imites lo malo sino lo bueno. El que hace lo bueno es de Dios; el que hace lo malo no ha visto a Dios".*

Ante adversidades: I Samuel 17:45-47 *"Tu vienes contra mí con espada, lanza y jabalina, pero yo vengo a ti en el nombre del Señor Todopoderoso... todos...reconocerán que el Señor salva sin necesidad de espada ni lanza. La batalla es del Señor".* Nehemías 13:22 *"Recuerda esto, Dios mío, y conforme a tu gran amor, ten compasión de mí"* Salmo 18:2 *"Dios es la persona a quien debo recurrir cuando tengo problemas".* Amós 2 *"Dios juzgará a los que obran mal".* Lucas 1:37 *"Porque para Dios no hay nada imposible".* Filipenses 4:13 *"Todo lo puedo en Cristo que me fortalece".*

Por tu trabajo: Nehemías 4:6 *"el pueblo trabajó con entusiasmo".* Nehemías 6:16 *"Ese trabajo se había hecho con la ayuda de nuestro Dios".* 1 Corintios 16:4 *"Hagan todo con amor".* Filipenses 2:14 *"Háganlo todo sin quejas ni contiendas".* Colosenses 3:23 *"Hagan lo que hagan, trabajen de buena gana, como para el Señor y no como para nadie en este mundo, conscientes de que el Señor los recompensará con la herencia".* I Tesalonicenses 3:10 *"El que no quiera trabajar, que tampoco coma".* I Timoteo 4:12 *"Que nadie te menosprecie por ser joven. Al contrario, que los creyentes vean en ti un ejemplo a seguir en la manera de hablar, en la conducta, y en el amor, fe y pureza".* *¿Trabajas mucho y haciendo el bien?* Conoce acerca de *La Fe y las Obras* en Santiago 2:14.

Por tus finanzas: Deuteronomio 8 *"Recuerda al Señor tu Dios".* Hageo 2:8 *"Mía es la plata, mío es el oro, afirma el Señor Todopoderoso".* Proverbios 3:9 *"Honra al Señor con tus riquezas y con los primeros frutos* *de tus cosechas"*. Filipenses 4:10-20 *"Gratitud por la ayuda recibida"*. I Timoteo 5:8 *"El que no provee para los suyos, y sobre todo para los de su propia casa, ha negado la fe y es peor que un incrédulo"*. *Acerca de "El amor al dinero" encontrarás en* I Timoteo 6. Santiago 5 dedica unas líneas de *Advertencia a los ricos opresores*. En la Biblia encontrarás 2350 versículos que te guiarán en cómo administrar, diezmar, ofrendar, invertir, pagar y ganar tu dinero sabiamente.

Por sabiduría: Los libros de Crónicas reseñan las oraciones del rey Salomón, el líder más sabio conocido en la historia de la humanidad. Fuente inagotable además son los Proverbios y Salmos. Job 28:28 *"Temer al Señor: ¡eso es sabiduría"*. Gálatas 2:20 *"Cristo vive en mí"*. Efesios 5:1 *"Debo imitar a Dios y llevar una vida de amor: amar"*. II Timoteo 3:16 *"Toda la Escritura es inspirada por Dios y útil para enseñar"*. *Hay dos clases de sabiduría* Santiago las comenta en capítulo 3:13.

Por guía y dirección: Job 37:5 *"Dios hace tronar su voz y se producen maravillas: ¡Dios hace grandes cosas que rebasan nuestra comprensión"* Salmos 86:11 *"Instrúyeme, Señor, en tu camino para conducirme con fidelidad. Dame integridad de corazón para temer tu nombre"*. Jeremías 29:13 *"Me buscarán y me encontrarán, cuando me busquen de todo corazón"*. Amos 5:4 *"Búsquenme y vivirán"*. Hebreos 4:12 *"Ciertamente, la palabra de Dios es viva y poderosa, y más cortante que cualquier espada de doble filo. Penetra hasta lo más profundo del alma y del espíritu, hasta la médula de los huesos, y juzga los pensamientos y las intenciones del corazón"*.

Por provisión: Salmos 37: 3-4 *"Confía en el Señor y haz el bien; establécete en la tierra y mantente fiel. Deléitate en el Señor, y él te concederá los deseos de tu corazón"* Salmos 121: 2 *"Mi ayuda proviene del Señor creador del cielo y de la tierra"*. Nahúm 1:7 *"Bueno es el Señor; es refugio en el día de la angustia"*.

Maravillosamente Virtuosa

Por valentía: Ester 4:16 *"…ayunen por mí… yo por mi parte ayunaré…Cuando cumpla con esto, me presentaré…por más que vaya en contra de la ley. ¡Y si perezco, que perezca"* Isaías 52:7 *"Que hermosos son, sobre los montes, los pies del que trae buenas nuevas; del que proclama la paz, del que proclama la salvación…"*. Romanos 8:28 *"Ahora bien, sabemos que Dios dispone todas las cosas para el bien de quienes lo aman, los que han sido llamados de acuerdo con su propósito"*. II Timoteo 1:7 *"Dios no nos ha dado un espíritu de timidez / cobardía, sino de poder, de amor y de dominio propio"*. Jeremías 1:5-8 *"Antes de formarte en el vientre, ya te había elegido; antes de que nacieras, ya te había apartado… vas a ir a donde quiera que yo te envíe y vas a decir todo lo que yo te ordene. No le temas a nadie, que yo estoy contigo para librarte"*.

Espiritual: I Reyes 8:60 *"El Señor es el único Dios"*. I Crónicas 22:19 *"Busquen al Señor su Dios de todo corazón y con toda el alma"*. II Crónicas 5:13 *"Dios es bueno: su amor perdura para siempre"*. Isaías 25 *"Señor tu eres mi Dios; te exaltaré y alabaré tu nombre porque has hecho maravillas. Desde tiempos antiguos tus planes son fieles y seguros"*. Juan 14:6 *"Yo soy el camino, la verdad y la vida. Nadie llega al Padre sino por mí"*. Efesios 2: *"He sido salvado por gracia mediante la fe, y esta fe no es por algo que haya hecho: es un regalo de Dios"*. *Instrucciones sobre la adoración* están detalladas en I Timoteo 2, te invito a leerlo. Si te gusta e interesa saber de: *ángeles, querubines*, el número 7, tienes curiosidad acerca del libro de la vida, te invito a leer Apocalipsis.

Por tu iglesia: Nehemías 10:39 *"Nos comprometimos a no descuidar el templo de nuestro Dios"* Juan 10:11 *(Jesús dijo) "Yo soy el buen pastor. El buen pastor da su vida por las ovejas"*. Malaquías 3:10 *"Pruébenme en esto, dice el Señor Todopoderosos, y vean si no abro la compuerta del cielo y derramo sobre ustedes bendición hasta que sobreabunde"*. Romanos 15:7 *"Por tanto, acéptense mutuamente, así como Cristo los aceptó a ustedes para gloria de Dios"*.

I y II de Corintios *resume con gran amor, de la pluma de Pablo, qué legó y espera Jesús de su iglesia. ¡Qué mejor recordatorio para los líderes de las mismas!* Gálatas 6:10 *"Por lo tanto, siempre que tengamos la oportunidad, hagamos bien a todos, y en especial a los de la familia de la fe".* Efesios *es una especial referencia para convivir entre hermanos de la fe, en santidad y unidad.* I Pedro 3:8 *"Vivan en armonía los unos con los otros; compartan penas y alegrías; practiquen el amor fraternal, sean compasivos y humildes".* Judas 22 *"Tengan compasión de los que dudan; a otros, sálvenlos arrebatándolos del fuego. Compadézcanse de los demás, pero tengan cuidado".*

Por tu ministerio: I Samuel 7:3. "Dedíquense totalmente a servir sólo al Señor". Salmos 79:13 *"Y nosotros, tu pueblo, y ovejas de tu prado, te alabaremos por siempre".* Habacuc 2:14 *"Porque así como las aguas cubren los mares, así también se llenará la tierra del conocimiento de la gloria del Señor".* Mateo 28:19 *"Por tanto, vayan y hagan discípulos de todas las naciones…enseñándoles a obedecer todo lo que les he mandado a ustedes. Y les aseguro, que estaré con ustedes siempre, hasta el fin del mundo".* Marcos 9:41 "Dios quiere que ayude a otros". Como seguidores de Cristo debemos aprender y dar el ejemplo, en Filipenses encontrarás las claves. II Timoteo 3:14 *"Permanece firme en lo que has aprendido y de lo cual estás convencido, pues sabes de quien lo aprendiste".* Santiago 2:14 La fe y las obras.

Por tu hogar: Salmos 36:7 *"Tú Señor cuidas de hombres y animales; ¡cuán precioso, Oh Dios, es tu gran amor! Todo ser humano halla refugio a la sombra de tus alas".* Miqueas 6:8 *"Ya se te ha dicho lo que de ti espera el Señor: practicar la justicia, amar la misericordia y humillarte ante tu Dios".* Mateo 6:5 habla de la oración y el dar a los necesitados. Precioso capítulo a leer y compartir en familia. Los deberes conyugales los encuentras en Efesios 5:21. Aquí verás algunas normas para la familia cristiana: Colosenses 3:18. I Tesalonicenses 5:15 "Asegúrense de que nadie pague mal por mal; más bien, esfúercense siempre por hacer el bien, no sólo entre ustedes sino a todos". Santiago 2 "Prohibición del favoritismo". I Pedro 1:22 *"Ámense de todo corazón los unos a los otros"*. I Pedro 3 reseña más acerca de *Deberes conyugales.*

Por tus padres: Salmos 27:10 *"Aunque mi padre y mi madre me abandonen, el Señor me recibirá en sus brazos"*. Malaquías 4:6 *"Él hará que los padres se reconcilien con sus hijos y los hijos con sus padres y así no vendré a la tierra con destrucción total"*. Mateo 7:8 *"Dios contesta las oraciones"*. Efesios 6 describe los *Deberes filiales*. Judas 21 *"Manténganse en el amor de Dios"*.

Por nuestro gobernantes: I Crónicas 29:12 *"Dios gobierna sobre todo. Él es fuerte y poderoso"*. Sofonías 2:3 *"Busquen al Señor, todos los humildes de la tierra, los que han puesto en práctica sus normas"*.

Por tu país: II Crónicas 7:14 *"Si mi pueblo que lleva mi nombre, se humilla y ora y me busca y abandona su mala conducta, yo lo escucharé desde el cielo, perdonaré su pecado y restauraré su tierra"*. Jeremías 17:7 *"Bendito el hombre que confía en el Señor y pone su confianza en él"*. Joel 2 .17: *"Compadécete Señor de tu pueblo… Entonces el Señor mostró amor por su tierra y perdonó a su pueblo… ¡El Señor hará grandes cosas! No temas, tierra, sino alégrate y regocíjate, porque el Señor hará grandes cosas"*. Romanos 3:22 *"La justicia de Dios les llega, mediante la fe en Jesucristo, a todos los que creen"*. Filipenses 3:12 *"Ciudadanos del cielo"*.

Ante la ansiedad y el estrés: Salmos 103:8 *"El Señor es clemente y compasivo, lento para la ira y grande en amor"*. Eclesiastés 3 *"Todo tiene su momento oportuno; hay un tiempo para todo lo que se hace bajo el cielo"*. Jeremías 6:16 *"Pregunten por el buen camino y no se aparten de él. Así hallarán el descanso anhelado"*. Joel 2:32 *"Y todo el que invoque el nombre del Señor escapará con vida… y entre los sobrevivientes están los llamados del Señor"*. Santiago 1:19 anuncia que *Hay que poner en práctica la palabra, mientras que en el capítulo 3* habla de que *Hay que domar la lengua.* ¡Imperdible este libro!.

Con mi Biblia favorita en mano, de hermosa portada verde limón y redondas pepas moradas, regalo de mi mami hace algunos años en sus intentos por darle paz y verdadera alegría a mi corazón, les comparto a modo sencillo algo que te pueda guiar al dar un paseo por este fascinante libro, que siempre llevo en mi carro, mi celular, en mi cuarto y cocina. No es para nada aburrida y hay muchos formatos para escoger el que más te agrade y acompañe a descubrir tu fe.

Me ha sido muy útil para comprender de manera sencilla y fácil el regalo de vida en cada palabra. Al ser comentada y tener reflexiones, me permite además compartir con ustedes algunas notas, que me hubiese gustado tener a mano cuando incursionaba en el despertar de mi fe.

Te muestro brevemente aquí cada libro y qué personajes encontrarás de ejemplo a seguir:

ANTIGUO TESTAMENTO

¿Quieres descubrir y conocer al Dios de la Biblia?

GÉNESIS: Presenta la Creación, el principio en manos del mayor creativo del universo. "Dios creó todas las cosas." Y a un hombre que muestra un nuevo comienzo de vida, siempre fiel a Dios: Noé. Si te gusta como a mí el arcoíris, verás lo que significa. Como Dios cumple su palabra, cumple promesas, provee, escucha nuestras oraciones y hace de lo imposible algo posible, lo verás aquí. Y como Dios conoce todas las cosas, puede transformar el mal en bien. Ama a la gente pero no el pecado. Y salvará como lo prometió, a quienes confían en Él. ¿Qué significa ser bendecido por Dios? Entre lo bueno y malo de la humanidad, que no es nada nuevo, descubre detalles en un solo libro: el primero de la Biblia: Génesis.

ÉXODO: Es el segundo libro del Antiguo Testamento, que describe el poder de Dios, cómo rescata a los desamparados y los 10 mandamientos que recitamos sin saber de donde salieron, y que son un vital fundamento para llevar una vida recta y moral. De pluma de Moisés, quien es ejemplo de quien terminó lo que comenzó, verás cómo preparaban su corazón para adorar a Dios ¿Puedes enumerar y agradecer motivos de alabanza a Dios? Tener una lista de bendiciones y de personas que te aman anima el corazón cada día. Hacer de la alabanza un estilo de vida es el reto.

LEVÍTICO: Moisés relata cómo vivir en adoración y santidad. ¿Qué te hace tropezar y te impide vivir así? Dios muestra cuán comprensivo y bueno es, lo cual nos lleva a mirar dentro de nosotros y de otros, para tratarte y a los demás del mismo modo.

NÚMEROS: Moisés cuenta como la obediencia y fe en Dios trae bendición, aquellos que se nieguen, simple: Dios no les bendecirá. Y entre nombres y tribus revela que todos son importantes para Él, así como tú y tu familia, tus vecinos y compañeros de trabajo / estudio. Busca allí como Dios muestra todo lo bueno que tiene para ti, y como la vida de Aarón nos enseña a interceder por otros. Una lista de quienes necesitan de tu oración guiará tu corazón para bendecirles. Y como verás los sacrificios que antes se hacían, llevándolo al hoy, con tu tiempo, habilidades, ofrenda, servicio y ayuda a otros serás olor fragante para Dios.

DEUTERONOMIO: Otro libro que reseña gracias a la dedicación de Moisés, revela cómo agradar a Dios y tener así su bendición. ¿Qué pasaría si no hubiese normas ni reglas donde te desenvuelves? Allí encontrarás algunas de vigencia actual que traerán lo bueno para tu vida sin duda alguna. Saber además que estás acompañada en el camino, que alguien peleará por ti, y que no hay otro Dios fuera de Él, hace claro el panorama que vives por fe. Dios te ama y guía en medio de las tinieblas. Basta con amarle con todo tu ser y poner en práctica lo que encontrarás aquí.

JOSUÉ: Esta historia es la fiel muestra de cómo Dios ayuda a su pueblo a salir victorioso. ¿Cuál fue el secreto? La obediencia de sus protagonistas y la lección de que antes de tomar decisiones es mejor consultar a Dios. Antes de emprender algo o comprometerte con algo que te puedas arrepentir, pregúntale primero, y si sientes paz en tu corazón inquietud o mala espina, toma la mejor previsión. ¿Sabías que ni una sola promesa dejó de cumplirse a lo largo de la Biblia? ¿Qué te impide creer en que te ocurrirá lo mismo si crees y luchas?

JUECES: Varias historias describen lo que ocurrió a quienes abandonaron y desobedecieron a Dios. Así como Su bondad, perdón y ayuda abrazaron a quienes regresaron a Él. Como en dificultad Dios infundió valentía, y lo intencional que debemos ser imitándole en nuestras acciones con otros. Se destacan Sansón y Dalila, una referencia de las consecuencias de tomar malas decisiones y vivir en enojo. También la guerrera Débora, una jueza inteligente, valiente, fuerte y confiable digna de emular.

¿Has escuchado de Ruth? Una fiel, confiable y obediente mujer de quien aprender en el libro con su nombre: **RUTH**.

I SAMUEL: Los célebres el rey Saúl; David quien con rectitud actuaba confiado e invocaba el nombre del Señor y así derribó a Goliat; y la buena reputación de Samuel, dan vida y dinamismo a episodios bíblicos interesantes que se resumen en como Dios quiere que los gobernantes dirijan a su nación. No es momento de criticar y juzgar, sino de ponerse en los zapatos de ellos y más bien interceder para que la sabiduría de lo alto les invada y hagan mejor las cosas en cada país y escalafón donde lideran responsabilidades y deberes, para los cuales fueron elegidos. Y si tú eres una de esas mujeres activas, prepárate para brillar y marcar la diferencia siguiendo las instrucciones manifiestas.

II SAMUEL: ¿Quieres ver la fidelidad y grandeza de Dios a través de alguien? Por más pecador, como cualquier mortal, David fue el reflejo de cómo Dios usa a quien le ama y busca agradarle, y aun siendo rey cómo sorteó ante el mal, sus días con un reinado inolvidable en sus facetas de pastor, músico, gobernante y guerrero. ¿Has escuchado o rezado algunas vez el Salmo 23 "El Señor es mi pastor, nada me falta…" es un bello canto de este David a Dios.

I REYES: Continúa la historia de gobernantes que para bien y mal condujeron a su pueblo, de la mano o alejados de Dios. Aquí resalta como vivo ejemplo de sabiduría el rey Salomón, hijo de David. Y también como otros ignoraron eso y ya verás los frutos. Si anhelas ser sabia, este libro te guiará exitosamente en tu vida personal y familiar. Vaya legado le dejó este padre a su hijo. ¿Qué dejarás tú a los tuyos?

II REYES: Relatos de la paciencia de Dios se perciben en los pasos de reyes de la época, así como de sus castigos a los desobedientes. ¿Qué tan fiel eres a Dios? No se trata de edad ni experiencia, ni de fe…sino cuestión de tu corazón y disposición, que es lo que Dios ve, no tus obras. Milagros de Dios se asoman en este libro y lo piadoso que era el rey Ezequías, digno de imitar.

I CRÓNICAS: Continúa aquí reseñada la vida del rey David y a los ojos de Dios como fue su gestión, así como su árbol genealógico y las oraciones que elevaba a Dios. Es bueno saber de dónde venimos y conocer a nuestra familia, qué trae nuestro ADN, para conservarlo, continuarlo en nuestras generaciones y qué no. ¡Algo muy importante a evaluar cuando te vayas a casar! Uno se casa también con la familia de la pareja.

II CRÓNICAS: Mantiene el hilo del libro anterior, y es reflejo de lo que Salomón cosechó al decidir gobernar con Dios a su lado. Y aunque breve aparece, acabo de conocer a Huldá, una mujer que no temió en decir la verdad cuando le pedían consejo, algo que me recuerda mi llamado ¿Y a ti que te muestra lo que hasta ahora hemos recorrido?

ESDRAS: Dedicado maestro estudioso y activo hacedor de la ley del Señor, junto al rey Ciro son los protagonistas de este compendio, espejo de la fidelidad de Dios y el cumplimiento interminable de sus promesas.

NEHEMÍAS: Un gobernador cuyo legado fue inspirador, tanto que aparece un libro dedicado a él, quien oraba por su pueblo, lo ayudaba y con especial dedicación a los pobres. Ojalá los dirigentes de las naciones dieran una miradita a la Biblia. ¡Cuán diferente sería todo! Mientras, nos sirve a nosotras, así que a aprender, orar y actuar, a analizar todo con el cuidado, valor a otros y dirigir agradecida donde estés, como él lo hacía.

ESTER: ¿Has escuchado que han sido más las personas ordinarias y corrientes, las que se han destacado por hacer cosas fuera de lo común? Una simple chica que llegó a ser reina, y tiene un especial lugar en el histórico compendio bíblico: la famosa Esther. ¡Me hubiese fascinado conocerla! Podemos lograrlo indagando en este corto libro, que muestra como ella fue canal de milagro y bendición para su pueblo, algo que podemos emular en casa, en donde pasemos el día, en nuestra comunidad. De ella aprendamos su heroísmo, como ante adversidades oraba, ayunaba, ensayaba sus labores, respetaba a su marido y era movida por la fe.

JOB: Un drama de vida pleno de esperanza, donde se perfila a Dios y la comprensión ante el sufrimiento, que no es un castigo que envía Él. A veces Dios permite situaciones para glorificarse, el mal viene de Satanás y hasta de nosotros mismos, pero jamás de Dios hacia quienes le aman y siguen. No siempre tendremos buena actitud ante la tristeza y el dolor, que es parte de la vida, pero esperemos lo mejor e indudable: que Dios es bueno, es nuestro amigo y vale más que cualquier cosa. Seamos como Job, intachables, rectas, que honremos a Dios y vivamos apartadas del mal.

SALMOS: La mitad de estas poesías fueron escritas por David, siendo más de 70 sus versos con los que se comunicaba con Dios y vemos como confesiones, alabanzas, adoración, muestras de enojo, amistad, retazos de historia, cómo se deleitaba contemplando la naturaleza y más. Muchas ideas para aprender de allí y activarlas en nuestro tiempo de oración y adoración a Dios.

PROVERBIOS: Una vez más podemos deleitar nuestro corazón con lo que nos dejó Salomón, quien dedicó su tiempo a plasmar su sabiduría en reflexiones que aun tiene vigencia y son de gran ayuda para quienes quieren llevar mejores relaciones, sus finanzas, su familia, su forma de comportarse, hábitos, cómo activar cobertura y apoyo a quienes lo necesiten. Así de amplio para Cristianos o no, una guía para el buen vivir.

ECLESIASTÉS: Para quienes están en la eterna búsqueda de la felicidad, y han desplazado a Dios por otras "fuentes" encontraran aquí lo que el sabio rey Salomón consideraba: que sin Dios no había felicidad. y para las afanadas...un trocito de Biblia te recordará que hay un tiempo para todo.

CANTAR DE LOS CANTARES: Es lo más romántico de la Biblia, con poemas preciosos que bien pudieran disfrutar los matrimonios y también los que ven a Jesús y su novia la iglesia con tal amor indescifrable.

ISAÍAS: Era un profeta que plasmó cualidades de Dios y lo que habría de dar la venida de Jesús, a través de visiones y sueños que tenía y relató, combinados con alabanzas que reflejan la santidad de Dios, cuan bueno, amoroso y justo es, así como perdonador ante lo que hacemos y aborrece. Isaías era considerado un mensajero de Dios y no solo de buenas cosas, también con la difícil tarea de anunciar lo devastador de un Dios enojado. Si supieras que vas a morir ¿qué harías? Consideremos el consejo de Isaías entre tantos, de ordenar nuestra vida y ser constantes en la oración.

JEREMÍAS: Otro profeta que inspiró Dios para revelar su majestad y poder, es ejemplo de cómo superar el bullying y como el eterno amor de Dios nos restaura. ¿Tiempos difíciles? Algunos tips para afrontarlos los tienes aquí.

LAMENTACIONES: Son una muestra de la desgarradora tristeza que abruma a quienes asumen las consecuencias de sus erradas acciones. Un poco de drama de la vida real que lleva a la reflexión abrazados por la calma y la bondad de Dios a quienes esperan en Él.

EZEQUIEL: Es un profeta "centinela" que describe con fidelidad e ímpetu el castigo a los malvados y el cuidado del pueblo por parte de Dios, quien con su soplo de vida revive todo. Asombrosas visiones describe en extensos pergaminos lo que habría de suceder y aconteció a los rebeldes de su época, porque donde hay maldad, ahí no habita Dios.

DANIEL: Es el protagonista de una conocida historia de valentía y lo real que es Dios, además de ser parte y de gran influencia del imponente gobierno persa y babilónico. Con su humildad, fe y servicio a Dios aun en los momentos más duros, aprendamos como salir victoriosas y ser de impacto en la vida de quienes nos rodean.

OSEAS: Un profeta que con sus sermones proclama el amor de Dios aun cuando su pueblo le fuera infiel, levantando así banderas para que se vuelvan a Él y de las consecuencias de sus acciones.

JOEL: El profeta comparte palabras de alerta a su pueblo, arrepentimiento y bendición van de la mano, así que sus escritos basados en los castigos del Dios juez de pecadores, vislumbra el llamado a alejarse de lo malo para tener la salvación y cuidado de Dios.

AMOS: Fue un pastor que enfocó sus mensajes hacia la práctica de la justicia, el amor al pobre y ayuda al desamparado, tal como lo haría Dios, advirtiendo a los ricos y opresores de la ira del Señor.

ABDÍAS: En pocas líneas, este profeta revela cuán fiel y grande es Dios, como protege a su pueblo castigando a los que buscan su mal. Una preciosa muestra de gran amor.

JONÁS: El tan conocido relato del hombre que sobrevive en el estómago de una ballena, tiene como personaje a este profeta y el arrepentimiento. Muestra el amor, misericordia y la paciencia de Dios con los rebeldes y desobedientes. De seguro te caerá de perla este libro.

MIQUEAS: En su libro refleja la justicia de Dios y cuan perdonador es, mientras castiga a los de mal corazón, motivando a los lectores de la época, muy vigente, a ocuparse del bienestar de todos los que les rodea. Nada fácil para él ser un profeta de las noticias negativas que acontecerían a tan injusto pueblo para su época, aunque simplemente, era una visión y mensajes de las consecuencias de sus malos actos hacia los desamparados e indefensos.

NAHÚM: Continúan las breves, pero fuertes profecías de esta parte del Antiguo Testamento, mostrando el castigo de Dios para los que el mal de su pueblo buscan. Otra carta de amor de Su parte, para hacernos volver a sus brazos.

HABACUC: Inundado del temor por la situación que vivía su nación, prefirió ante tanto pecado, desidia, maldad, confiar en Dios y en la ley de la siembra y la cosecha. Siempre recibiremos fruto de lo que sembramos. Y es algo que se escribió inundado también de esperanza y gozo en el Señor que hace justicia.

SOFONÍAS: Era un predicador y profeta protagonista de un avivamiento en su país, llamando a estar al abrigo de la gracia de Dios, mientras Él y su justicia limpian las naciones. Una advertencia más que se suma a nuestra lista de acciones y motivos de oración. Incluye una promesa preciosa que te invito leer, es para nuestra tierra.

HAGEO: Encabeza esta última trilogía profética de hombres que dedicaron sus vidas a proclamar el buen corazón de Dios para sus hijos que dejaran de lado el mal, para buscarlo y creer en Él. Mejorar en tus finanzas es una gran idea, pero lee primero este libro: te guiará a ordenar tus prioridades, a espantar el egoísmo y egocentrismo.

ZACARÍAS: Continúa el plan motivador del respetado Hageo a su pueblo, y con simbología, les lleva a amar la esencia de Dios, ese que reinará en toda la tierra al venir. Otro recordatorio para volverse a Dios.

MALAQUÍAS: En este papiro del profeta que cierra esta preciosa y enriquecedora temporada bíblica, encontrarás respuestas a algunas preguntas que quizás ya te has hecho, descubriendo un valioso tesoro y la bendición que representa, en obediencia, adorar y honrar a Dios. La entrega eterna de Dios y su lealtad, nuevamente la verás acá ¿Alguna duda de su amor y existencia?

NUEVO TESTAMENTO

Un Regalo de Dios, muestra de Su Amor por ti

MATEO: Mi libro favorito, para mí el más fascinante y completo, fácil de comprender y compartir, resulta un maravilloso legado porque él estuvo, conoció y pasó sus días con el mismísimo Jesús ¡Qué privilegio! Uno que no dejó escapar y describió en sus relatos que cuentan la vida del amado Cristo, sus enseñanzas y nuestra misión como sus seguidoras.

MARCOS: ¿Quieres conocer los milagros que hizo Jesús en vida hasta su Resurrección? Las enseñanzas de Cristo las verás explicadas aquí, con la belleza y simpleza que él representaba y cautivaba a miles.

LUCAS: Era un inteligente médico y viajero, quien compartió con Pablo y también conoció a Jesús, y no hizo más que contar en sus escritos, detalles del protagonista del Nuevo Testamento, sus vivencias milagros y sus sabias instrucciones.

JUAN: El discípulo amado de Jesús, así como Mateo, Marcos y Lucas, tuvo el privilegio de compartir con Jesús sus 3 años de ministerio en la tierra. Y juntos, se esmeraron en plasmar todo lo que revelaba él era el hijo de Dios.

HECHOS: Es otro de los libros del doctor Lucas, asentando cómo fue que los discípulos, amigos y seguidores de Jesús se ocuparon de cumplir con lo encomendado: expandir el Evangelismo, protagonizada y liderada esta gran aventura, por los fieles Pedro y Pablo.

ROMANOS: Pablo en su ardua y apasionante labor de extender el reino de Dios y el legado de Cristo, escribió esta preciosa carta de lecciones de cristianismo, para sus hermanos de la fe en la capital de Italia.

I CORINTIOS: Pablo es el autor y se trata de una carta dedicada a los cristianos de la ciudad de Corinto para ayudar a la iglesia que atravesaba algunas dificultades, y les guía en su actuar recordándoles lo que Jesús dejó: su amor y su palabra.

II CORINTIOS: Del mismo estilo que el anterior, manifiesta el amor de Pablo hacia sus hermanos de la fe, con valiosas directrices y recordatorios para que como iglesia continuaran su obra a pesar de cualquier situación.

GÁLATAS: Amar a Jesús y no ser religiosos, es la motivación y llamado en esta carta de Pablo para las iglesias de su país, en especial las de Galacia. Que sigamos sus huellas con la confianza y certeza que vive en nosotros, porque murió por nosotros, nos salvó, le pertenecemos y con Su espíritu en nosotros, debemos hacer el bien y servir al prójimo con amor.

EFESIOS: Claro e incansable con su misión, Pablo continuó enseñando a través de cartas a las iglesias, en este caso, la de Éfeso, cómo actuar y vivir en santidad, con la vida y paz de Cristo, recordando la cruz y el propósito de la iglesia como congregación cristocéntrica y no como estructura física, como templo.

FILIPENSES: Con un corazón agradecido y amoroso, como Cristo le enseñó y así lo vive para que otros lo aprendan, Pablo escribió a la iglesia de Filipo para compartirles la meta del cristiano y cómo debe vivir. Una interesante carta para todo aquel que dice ser seguidor de Cristo.

COLOSENSES: Los cristianos de Colosas recibieron esta carta de Pablo, que recuerda la supremacía y salvación de Cristo, el perdón de los pecados y la santidad a la que estamos llamados. Como todas sus cartas, incluye notas de acción de gracias e intercesión por los destinatarios, una preciosa muestra de respeto y amor a sus lectores.

I TESALONICENSES: La gente de Tesalónica también tuvo la bendición de contar con las enseñanzas en las cartas de Pablo. Esta, explica cuáles son las vidas de ejemplo que agradan a Dios para imitarlas y, la venida de Jesús.

II TESALONICENSES: Animando a los hermanos en la fe con la segunda venida de Jesús, el llamado en esta carta Paulina es a esforzarse y dedicarse a su obra, sabiendo que los que prefieren el mal, serán castigados por Dios.

I TIMOTEO: Pablo amaba a su fiel amigo y asistente en la obra llamado Timoteo. Y a través de cartas, le orientaba en su labor tan efectiva y leal, que hasta hoy es una referencia. ¿Quieres aprender de liderazgo? Esto es para ti.

II TIMOTEO: La fidelidad al Evangelio y su autor: Cristo, es enseñada por Pablo a Timoteo de una manera, que refleja su amor por la obra y el anhelo por su continuidad, encomendada a su discípulo. ¿Eres tímida y miedosa? Hay algo para ti en esta carta.

TITO: Si te gusta liderar y enseñar, tus dones puedes potenciarlos leyendo este pasaje, unas líneas de Pablo a su discípulo Tito. También reseña el rol e importancia de las ancianas, en la obra de Dios. ¿Tienes alguna abuelita, alguna mujer que te inspire y guíe? Merecen todo el respeto y el amor. Y descubre como cristiana, cómo ha de ser tu conducta, si es que deseas mejorarla.

FILEMÓN: Era un cristiano a quien Pablo escribió unas líneas para una encomienda especial. Una lección de perdón y nobleza increíble que se te ayudará en tu andar, donde el perdonar debemos hacerlo cotidiano, sencillo y sin tanto rollo, completo, real. Tal cual nos lo brindó Jesús en la cruz.

HEBREOS: Así como ahora, el Cristianismo ha padecido intentos de opacarlo y desplazarlo, con otros dioses y religiones, sectas y cuanta cosa idólatra sin sentido, pues la fe cristiana es superior a todo eso, tal cual aparece en este libro de autor no confirmado. Si te gustan los ángeles, aquí aparecen reseñados, así como lo hermoso que significa Jesús en la vida de un creyente. Y si lo que necesitas es reposar… explora aquí cómo vivirlo.

SANTIAGO: El hermano de Jesús escribió estas líneas dedicada a los cristianos, con el propósito de enseñarles y guiarles en cómo deberían practicar la fe en Jesús, qué implica paciencia, cuidado, orar por los enfermos y activar lo que Dios nos manda.

I PEDRO: Es una carta del discípulo y amigo de Jesús que se ocupó de enseñar y recordar a los Cristianos acerca de la santidad, la humildad, lo precioso de la fe, del amor entre hermanos, todo eso, a pesar de cualquier tristeza o dificultad. Estamos llamados a marcar la diferencia y aferrarnos a la esperanza que nos da Dios.

II PEDRO: Es común tristemente, el descaro, la falsedad y doble cara de muchas personas. Y antes, no era diferente. Por eso, Pedro advirtió de falsos maestros del Evangelio y relata lo que a unos cuantos colma de curiosidad: el fin del mundo. La verdad acerca de Dios, Cristo y el Espíritu Santo la tienes de primera fuente en la Biblia.

I JUAN: ¿Te gustan las cartas e historias de amor? ¡No te pierdas esta! Dulces versos inspirados por Dios y que hoy deleita nuestros corazones, gracias al discípulo de Jesús que los plasmó, reseñan amor, perdón, días con Cristo y detalles de la mayor muestra de su amor por nosotros. ¿Quieres caminar de la mano de Dios? ¿Qué esperas para leerlo? Es un buen libro por donde comenzar a leer la Biblia.

II JUAN: Aquí encontrarás más fáciles tips para ser cada día más parecido a Cristo. ¿No tendríamos un mundo mejor?

Maravillosamente Virtuosa

III JUAN: Este autor de manera muy sencilla nos acerca a la realidad anhelada de Dios: que seamos sus discípulos, seamos luz y ejemplo para que otros lleguen también a valorar, apreciar y vivir este estilo de vida: ser Cristianos.

JUDAS: Jesús tenía un hermano que escribió a los Cristianos alertas de falsos maestros, y en cortas líneas exhorta a la perseverancia, algo que todos necesitamos para alcanzar lo que soñamos.

APOCALIPSIS: ¿Sabías que fue Juan, el discípulo y amigo de Jesús, quien escribió este último libro bíblico? Entre simbologías y dramáticos capítulos, inunda de belleza la visión que tuvo y dejó, como una revelación de la tan sonada segunda venida de Cristo. Deja los mitos y el temor porque se acabará el mundo un día de estos que sólo Dios sabe. ¡Será maravilloso para quienes pertenecemos a la familia del Señor! Muy esperado este día por cierto. Tómate tiempo para darle una miradita y estudiarlo.

Hoy es un gran día para volver a comenzar
y escribir tu propia historia.

¡Ver cuán bendecida eres y qué tienes para bendecir a otros e
impactar positivamente vidas! Por fin... Mujer Maravilla o
Mujer Virtuosa ¿cuál elegiste ser?

Será maravilloso saber de ti, luego de leer este libro.

Dios bendiga tu corazón, tus sueños y tus pasos,
Jesús sea tu dulce compañía y
su Espíritu Santo tu guía y fuente de sabiduría.